U0930648

百年贵大文化传承工程项目资金资助

墨经译注

杨武金 / 著

图书在版编目（C I P）数据

墨经译注 / 杨武金著. -- 贵阳 : 贵州大学出版社，2022.8
（百年贵大文化建设丛书）
ISBN 978-7-5691-0645-9

Ⅰ. ①墨… Ⅱ. ①杨… Ⅲ. ①《墨经》—译文②《墨经》—注释 Ⅳ. ①B224.2

中国版本图书馆 CIP 数据核字（2022）第 157655 号

MOJING YIZHU
墨经译注
著　　者：杨武金

出 版 人：闵　军
责任编辑：李　奎　文桂芳
排版设计：方国进

出版发行：贵州大学出版社有限责任公司
地址：贵阳市花溪区贵州大学北校区出版大楼
邮编：550025　电话：0851-88291180
印　　刷：贵阳精彩数字印刷有限公司
开　　本：787 毫米 ×1092 毫米　1/16
印　　张：12.75
字　　数：188 千字
版　　次：2022 年 8 月第 1 版
印　　次：2022 年 8 月第 1 次印刷

书　　号：ISBN 978-7-5691-0645-9
定　　价：65.00 元

版权所有　违权必究
本书若出现印装质量问题，请与出版社联系调换
电话：0851-85987328

“百年贵大文化建设丛书”编委会

主　　任：李建军　宋宝安

副 主 任：骆长江　令狐彩桃　唐本文　李军旗　周少奇　周傲英
漆　思　马建峰　张大林　陈祥盛　吴　攀

委　　员：（以姓氏笔画为序）
丁贵杰　马克俭　王　斌　王　婷　王晓卫　方　韧
向　嵩　庄　勇　刘　魁　刘　颖　刘其斌　刘治军
杜　滨　李　烨　李少波　李昕昌　李锦宏　杨　刚
杨　楠　杨军昌　肖内昆　吴复忠　邱树毅　余　颖
冷传莉　闵　军　张　妤　张　洁　张　清　张成霞
张寒松　张新民　陈　岚　陈艳波　陈莉琼　范　斌
卓　永　周　杰　胡小兵　洪　云　洪名勇　耿　翊
陶渝苏　龚晓康　崔海洋　董永刚　喻理飞　谢　泉
谭德兴

“百年贵大学术精品文库”编委会

主　　编：李建军　宋宝安

副 主 编：崔海洋　闵　军　王晓卫　谭德兴　龚晓康

整理编撰：闫平凡　黎　平　郭晓林　徐　乾　葛静萍
高佩佩　高雪蓉　但明天　文桂芳　李　奎
方国进

“百年贵大学术精品文库”序

◇ 李建军

“溪山如黛，常沐春风，学府起黔中。”1902 年，贵州大学堂崛起于黔中，历经省立贵州大学、国立贵州农工学院、国立贵州大学等时期，1950 年定名为贵州大学。1951 年，毛泽东主席亲笔题写贵州大学校名。2005 年，贵州大学成为国家“211 工程”大学。2017 年，入选国家世界一流学科建设高校。2018 年，荣列教育部、贵州省人民政府“部省合建”高校。2022 年，再度入选国家新一轮“双一流”建设高校。贵州大学学科门类齐全，涵盖文学、历史学、哲学、理学、工学、农学、医学、经济学、管理学、法学、教育学、艺术学等 12 个门类。

2021 年 12 月，习近平总书记在中国文联十一大、中国作协十大开幕式上说：“文化是民族的精神命脉，文艺是时代的号角。古人说：‘文者，贯道之器也。’”在贵州大学建校 120 周年之际，将贵大学人的学术精品以及珍贵的校史资料、档案进行研究整理并予以出版，有利于百年贵大的文化传承，有利于提升学校的文化品位和学术影响力，有利于增强校友对母校的认同感和凝聚力。因此，学校特别策划出版了“百年贵大文化建设丛书”，“百年贵大学术精品文库”即为其中之一种。

贵州大学在百廿年的办学历程中，虽然校名几经更迭，校址几度变迁，筚路蓝缕，历经沧桑，但百年传承，薪火相继，始终坚持以兴学育人为根本，以立足贵州、服务地方为己任。学校由小到大，由弱渐强，形成了“艰苦奋斗，自强不息”的办学精神，凝练出“明德至善，博学笃行”的校训，以严谨、求实、创新的校风和丰厚的文化底蕴培养和孕育了大批优秀人才，为国家特别是贵州经济建设和社会发展提供了强有力的人才支撑和智力保障，而这离不开诸如周恭寿、周步瑛、李书田、张永立、柳诒徵、魏寿昆、王栋、张廷休、罗登义、吴定良、谢六逸、郎世俊、丁道衡、乐森璕、王世真、吴汝康、吕荧、刘述文、恽震、徐采栋、黎东方、姚奠中、汤炳正、张汝舟、张振珮、杨汉先、杜文铎、蒋希文、陈祖武、虞愚、王锳、宋宝安、马克俭、郝小江、张克勤等众多优秀学者的努力和贡献。他们在诲人不倦、教书育人的同时，也在各自的学术领域取得了丰硕的成果，撰写了诸多可堪传世的精品力作，成就了贵州大学"黔中第一学府"的美誉。这是百年名校的历史积淀，更是建设"双一流"大学的厚重底蕴。

"百年贵大学术精品文库"选取贵州大学两个"甲子"120年来贵大学人在各学科领域创作的、具有代表性的经典学术著作整理出版，如《中国文化史》《世界文学》《二毋室古代天文历法论丛》等。

《中国文化史》一书为1942—1946年被聘为国立贵州大学特约讲席的史学家柳诒徵的代表作，被称为中国文化史的"开山之作"。本书着眼于世界文化史与中国文化史的密切关系，叙述了从周代至清代五千年来的中国文化发展史。引用资料自六经、诸子、二十五史、历代各家著述、国外汉学家论著至近代报纸杂志、统计报道，无不详为选辑，史论结合，在当时流传甚广。柳诒徵，字翼谋，亦字希兆，号知非，晚年号劬堂，是中国近现代史学先驱、中国文化学的奠基人和现代儒学宗师，也是著名的书法家和教育家。他在贵州大学任教时，讲课有条不紊，既不做枯燥无味的考证，也不做不着边际的空谈，而是广征博引，引人入胜，不仅得到文科生的喜爱，就连理工科的学生也赶来旁听。在学术方面，他以"一不敷衍自己，二不敷衍古人，三不敷衍今人"为治学准绳，注重史料的作用，并把历史分为"代史、类史、地史、国史"四类，影响了现代史学的治学方向和学科架构。

谢六逸的《世界文学》介绍了英国、法国、德国的古典主义文学、浪漫主义文学、现实主义文学和自然主义文学及新兴文学，内容丰富，介绍系统，是最能表现作者学术功底和眼界的作品。谢六逸，号光桑，字六逸，笔名宏徒、鲁愚，是著名的作家、翻译家、教授，中国现代新闻教育事业的奠基者之一。他提出新闻记者须具备“史德、史才、史识”三条件，为全国大学设新闻系之嚆矢。在贵阳，谢六逸以振兴家乡文化教育为己任，先后任大夏大学文学院院长、国立贵州大学中文系教授，主讲“中国文学史”“文学批评”“国文教材及教法研究”等课程。他学识渊博、和蔼可亲，讲解细致入微，深受学生爱戴。先生十分勤勉，夙兴夜寐、著作等身，有关日本文学、世界文学的著作更是成为文学研究的珍贵文献。

《二毋室古代天文历法论丛》是知名学者、语言学家、贵州大学教授张汝舟先生的代表作。张汝舟先生在对中国古代天文历法的研究中，强调将纸上材料（文献记录）、地下材料（出土文物）、天上材料（实际天象）对证，做到“三证合一”，倾力研究中国古代天文历法资料，较前人取得了可靠的结论。这种古天文历法体系，影响了整个学术界。本书是张汝舟先生在古代天文历法方面的文章合集，解决了很多历史上长期没有解决的具体问题，成为古代天文历法方面独具特色的著作。张汝舟先生毕生从事教育事业，敬德修业、教书育人，以培养人才为己任。他崇高的道德修养、精深的学术水平影响和造就了一大批人才。国内知名学者如周本淳、宋祚胤、孟醒仁、祖保泉等都出自他门下。他在贵州从教近30年，为贵州培养了众多的专业人才，不少弟子成为教育、文艺、学术方面的骨干与中坚，在贵州文教领域熠熠生辉。弟子们给张汝舟先生撰述的《墓碑记》所言：“玉在山而草木润，先师于贵州文教学术之贡献，可谓大矣。弟子遍黔中，颂先师之书、传先师之道，敬德修业咸以先师为楷模。道德风范，口耳相传，无不以升堂入室为荣。”

“百年贵大学术精品文库”所选学术精品著作，涵盖了文学、历史、哲学、政治、经济、法律、社会学、艺术学及理、工、农等众多学科，限于篇幅，恕不能在此一一列举。本丛书一方面梳理、归集了贵州大学建校以来的丰硕学术成果，以明晰学术传承脉络，继传统，启后学；一方面以回顾历史为契机，将当前活跃在国内外学界的贵大人的精品学术成果纳入丛书之中，激励大家沉潜学术，关照现实，投身新时代，为推进学校“双一流”建设、学校学科振兴建设贡献力量。

明德至善，博学笃行，文脉永赓续。“百年贵大学术精品文库”的整理出版，不仅有利于传承贵大百余年的文脉、彰显贵大文化自信，更有利于落实立德树人的根本任务。百年贵大，时逢盛世中华，贵大人当不忘初心、牢记使命，薪火相传，一路凯歌行进，未来必将无限广大。

出版前言

杨武金教授治学严谨，知识渊博，观察敏锐，论证缜密，其学术研究极具创新力，对墨子的研究享誉学界。其学术专著《墨经逻辑研究》2008年获中国逻辑学会第二届优秀成果奖科研奖，2010年获第五届金岳霖学术奖，2016年获中国墨子学会第二届优秀成果奖，2017年由柯林斯出版社出英文版，2019年出波斯文版。2020年，杨武金获评中国墨子文化研究中心“最美墨子文化传承守望者”。

本书是杨武金教授关于中国古代墨家学派的著作《墨经》（即《墨子》一书中的第四十到第四十五篇）的重要研究成果。全书共分为八章。第一章是将《经上》和《经说上》篇整合在一起，分条目进行翻译和校注；第二章是将《经下》和《经说下》篇整合在一起，分条目进行翻译和校注；第三章是对《大取》篇分条目进行翻译和校注；第四章是对《小取》篇分条目进行翻译和校注；第五章是对西晋鲁胜所作的《墨辩注叙》进行翻译和校注；第六章是将狭义《墨经》四篇中的所有条目，从学科分类的角度进行重新整理；第七章是在高亨所制作的《墨子经说表》的基础上，对狭义《墨经》四篇的条目做了一些新的处理；第八章选录了《道藏》本《墨子》一书从第四十篇到第四十五篇的原文。

本书为作者最新研究成果，亦是首次公开出版，适逢贵州大学建校120周年之际，我们将此书收入“百年贵大学术精品文库”，以飨读者。

序

◇ 齐瑞端[①]

墨子是中国古代伟大的思想家、哲学家、军事家、战略家、政治活动家、科学家和逻辑学家。《墨子》一书的第四十章到四十五章，通常也称为《墨经》，内容博大精深，涉及政治学、伦理学、法学、语言学、数学、几何学、力学、物理学、光学、经济学、管理学、生理学、心理学等各个学科领域，可以说是中国古代的百科全书。研究和挖掘其中科学合理的思想，在今天依然具有非常重大的价值。可是，两千多年来，墨学由于不适应封建统治阶级的需要，长期处于被埋没的状态，很少有人学习和研究。再加上《墨经》内容专门，文体特殊，文辞古奥，文本经过多次传抄，又遭到多次兵火蠹虫之劫，文字讹错非常严重。校勘和解释《墨经》文本，是自乾嘉学派以来学者们一直非常重视的工作。

我在四十多年前和周才珠合作，出版了《墨子全译》一书，在学术界有一定的影响力。后来，我又参加编写了由王讃源先生主编的《墨经正读》一书。在《墨经》的校勘和解释上做了一些工作。我还在《职大学报》上主持了十多年的“墨学研究”专栏，专门刊载墨学研究方面的重要学术成果，在一定程度上推动了墨学的研究工作。后来，我因年事已高，推荐杨武金接替我，继续主持《职大学报》(从今年起改名为《鹿城学刊》)“墨学研究”专栏，推动弘扬墨学。杨武金在贵州大学完成本科学业，之后考上中国人民大学研究生，并在中国人民大学获得哲学硕士学位、哲学博士学位，在中国社会科

① 齐瑞端，中国墨子学会副会长、原《职大学报》副主编。

学院完成博士后研究，现受聘为中国人民大学哲学院教授、博士研究生导师，曾前往中国台湾辅仁大学以及荷兰阿姆斯特丹大学、美国夏威夷大学和哥伦比亚大学、瑞士伯尔尼大学等一流大学从事学术交流活动。

历年来，杨武金笔耕不辍，著作颇丰，独立著作有12部，还有合编合著若干。在全国各类重点刊物上发表论文100余篇。杨武金跟随中国人民大学孙中原教授和台湾王讚源教授长期深研墨学和《墨经》，是墨学研究领域的后起之秀，也是中国墨子学会最年轻的副会长之一。

杨武金著的《墨经译注》一书，既是其长期从事《墨经》课程的教学和相关学术研究的心得和体会，也是他对前人研究成果加以吸收和总结的结果。其间，在一些条目的校勘、解释上，有独到的思考和新见。比如，关于《大取》篇中诸多条目的解释，关于《小取》篇中侔式推理的认识，关于狭义《墨经》中一些条目的校勘、解释和思想概述，关于各个条目之间的逻辑联系的认识，等等。《墨经译注》通过简明的体例、精练通俗的文字，深入浅出地为读者打造了一条走进《墨经》的通道，让读者去感受《墨经》独到的智慧。这确实是可喜可贺的成果。常言道，金无足赤，人无完人，此译注中仍会有一些瑕疵或与众不同的见解。我相信，这本著作中所取得的成绩和存在的瑕疵，学术界自会做出判断。中国古代思想文化的研究，迫切需要更多年轻学者努力攻关和积极探索。我希望有更多的新秀弘扬墨学，进而促进当下时代的进步和发展。

读完《墨经译注》全书，写完此序之后，我被杨武金的研学精神所感动，特吟诗一首：

老友诚邀写序言，
细思人微又言轻。
但想贵大是校友，
校庆之礼有责任。
墨子千年著奇书，

《墨经》自古奥与深。

后学钻研百不厌，

《墨经译注》见精神。

二〇二二年五月十五日于贵阳

自　序

德国哲学家雅斯贝尔斯在1949年出版的《历史的起源与目标》一书中说，公元前800年到前200年之间，人类历史上出现了一个很神奇的现象，一群天才人物扎堆出现：在古希腊，有苏格拉底、柏拉图、亚里士多德；在印度有释迦牟尼；在以色列有犹太先知；在中国，则有老子、孔子、墨子。墨子，姓墨名翟，约生于公元前468年，殁于公元前379年，所创立的墨家学派在中国先秦时期产生了巨大的影响，韩非子曾经将墨学与儒学并称为当时的“显学”。墨子曾就学于儒家门下，但由于发现儒学存在许多严重问题，于是提出了有自己独立见解的思想主张。墨家虽然也和儒家一样谈“仁”说“爱”，但他们的“仁”或“爱”却与儒家有很大的不同。儒家主张“亲亲为仁”，即认为对自己关系近的人亲近就是“仁”；墨家的“仁”或“爱”则强调要平等地关心爱护每一个人，人类所需要的是人与人之间的平等相爱。与此相联系，墨家提出了尚贤、尚同、兼爱、非攻、节用、节葬、非乐、非命、天志、明鬼等一系列思想主张。墨家十分注重逻辑和科学的探究活动，发展了丰富的哲学、逻辑和科学思想。

现存《墨子》一书，是墨家学派著作的一个总集，其较早并且较好的版本是明代正统十年（1445年）刊行的《道藏》本《墨子》五十三篇，其中第四十到第四十五篇，即《经上》《经下》《经说上》《经说下》《大取》《小取》，一般认为是墨子后学或后期墨家的著作。人们通常将这六篇著作合称为广义上的《墨经》，也称《墨辩》，将其中的前四篇合称为狭义上的《墨经》。《墨经》六篇记述了墨家学派关于逻辑学、宇宙观与认识论、数学、力学、光学、经济学、法学、伦理学等方面的科学思想，在世界科技史上具有重要地位。两千多年来，由于中国社会发展的特殊性，墨学不适应封建统治阶级的需要，自秦汉之后长期处于衰微并被埋没的状态，墨家学派的著作尤其是《墨经》几乎没有人阅读和研究。因此，《墨经》文本经过多次传抄，又遭到多次兵火蠹虫之劫，脱误、损坏严重，加上文体精简，体例特殊，内容专门，文字讹错等，增加了阅读和研究的困难。西晋鲁胜曾在其著的《墨辩注叙》（载《晋书·隐逸传》）中说："《墨辩》有上下《经》，《经》各有《说》，凡四篇，与其书众篇连第，故独存。今引《说》就《经》，各附其章，疑者阙之。"具体来说，《经说》上、下的具体内容，都是对《经》上、下的每一个条目的解释。《经》上、下的文字最初都是旁行书写的，即分为上下两栏抄录，也就是说读者先读完上栏再接着读下栏。但到宋末刻书时，改成了上下连行通读，打乱了原来的次序。后来，通过毕沅、张惠言、孙诒让、梁启超、高亨等人的工作，逐渐恢复了以《说》就《经》，各附其章和旁行读的体例，《墨经》面目得以重新呈现出来。

本书的写作，是在以明《道藏》本为最基本的文本，着重参照孙诒让的《墨子间诂》、高亨的《墨经校诠》、沈有鼎的《墨经的逻辑学》、谭家健和孙中原的《墨子今注今译》、王讚源主编的《墨经正读》，并参考其他诸多相关著作的基础上完成的。本书突出对文本的翻译和校注两个基本方面，同时特别强调从思想上加以把握。《墨经》从根本上属于逻辑学或者名辩学著作，文本内容的展开过程也应当是合乎逻辑的一种科学构想，所以，本书在做翻译和校注之后，针对每一个条目，也都对其所包含的思想做了基本概述，以便于读者更好地理解和把握文本。全书共分八章。第一章是将《经上》和《经说上》整合在一起，分条目进行翻译和校注；第二章是将《经下》和《经说下》整合在一起，分条目进行翻译和校注；第三章是对《大取》分条目进行翻译和校注；第四章是对《小取》分条目进行翻译和校注；第五章是对西晋鲁胜所作的《墨辩注叙》进行翻译和校注；第六章是将狭义《墨经》四篇中的所有条目，从学科分类的角度进行了重新整理；第七章是在高亨所制作的《墨子经说表》的基础上，对狭义《墨经》四篇的条目做了一些新的处理；第八章选录了《道藏》本《墨子》一书从第四十篇到第四十五篇的原文。第五章到第八章的内容，为读者阅读和研究《墨经》提供了更加丰富完善的资料。本书每一章的开始都写有简短的导语，这也是考虑到读者在掌握了梗概之后，才能更好地去阅读和把握其中的具体内容。同时，为了方便读者了解文本原貌，本书所采用的原文保留了繁体字形以及部分异体字，特此说明。

CONTENTS

目　录

第一章　《经上》《经说上》译注

导语：本部分主要对重要范畴进行定义，并阐述重要命题和思想。一般总共分为100条，其中第一条阐述了“故”，说明此部分要着重阐明论证或证明的理由或前提与结论或论题之间的“小故”（必要条件）和“大故”（充要条件）的关系。本章讨论如何把握进行论证或证明的基本概念和重要论题，涉及逻辑学、语言学、宇宙观、认识论、伦理学、政治学、生理学、心理学、教育学、几何学等诸多学科。

1. 《經上》（1）：故①，所得而後成也。

《經説上》（1）：［故］小故，有之不必然，無之必不然。體也，若尺有端②。大故，有之必然，無之必不然③，若見之成見④也。

【译文】故，即理由或条件，就是有了它就可以做出结论的东西。小故，是有了条件不一定能得到结果，但没有条件一定不能得到结果。小故是部分条件，就像构成一条线的点。大故，是有了条件就一定有结果，而且没有条件就一定没有结果。就像见物，具备了各种必要条件就一定能够见物。

【校注】①故：［注］理由、条件、前提。《经上》（96）：“巧转则求其故。”《小取》：“以说出故。”《大取》：“（夫辞）以故生。”《说文》：“故，使为之也。”段玉裁注：“今俗云原故是也。凡为之，必有使之者，使之而为之，则成故事矣。”②尺：［校］《道藏》本无此字，从伍非百校增。［注］线。端：［注］点。有点未必有线，但无点必无线。③有之必然，无之必不然：［校］《道藏》本作“有之必无然”，从孙诒让校改。梁启超校改为“有之必然”，删去了“无”字。④见之成见：[注] 正常的视力、外在的物体、足够的光线、恰当的距离等，都是见物的必要条件，它们的综合则构成见物的充分条件，合起来称充要条件。

【概论】本条主要阐述论证的论据（理由）和论点（结论）之间的关系，尤其强调理由对于所做出的结论（辞）的充足性。在墨家看来，结论是众多必要条件组合在一起，共同构成充分必要条件从而得出来的。墨家用条件关系来解释说明推理或论证的前提和结论之间的关系。

2.《經上》(2)：體[①]，分於兼[②]也。

《經説上》(2)：[體] 若二[③]之一，尺之端也。

【译文】部分，是从整体中分出来的。就像“二”中的“一”，“线”中的“点”。

【校注】①体：[注] 部分。②兼：[注] 整体。《说文》：“兼，并也。”谓并众体而为兼。③二：[注] 整体的一种情况。

【概论】针对上条，列举部分（体）条件来说明必要条件，进一步阐明什么是部分（体）。

3.《經上》(3)：知[①]，材也。

《經説上》(3)：[知材[②]] 知也者，所以知[③]也，而必知[④]，若明[⑤]。

【译文】认识能力，是人的认识器官所具有的生理功能。认识能力，是人能够获得认识的原因，而且有了这种认识能力就能够获得认知，就像人的眼睛具有见物的能力一样。

【校注】①知：[注] 认识能力。《说文》：“知，识词也。从口矢。”《荀子·正名》：“所以知之在人者谓之知。”②知材：[注] 牒经标目字，一般以经首一字或二字充当。③④知：[注] 认识。必知：[校] 胡适、孙中原校改为“不必知”，不确。⑤明：[注] 眼睛。从姜宝昌说。司马迁《报任安书》："左丘失明，厥有《国语》。"《孟子• 梁惠王上》："舆薪之不见，为不用明焉。"

【概论】本条阐述认识能力是人之所以能够得到认识的必要条件。荀子认为，一般的动物和人都具有认识能力。《荀子• 王制》："水火有气而无生，草木有生而无知，禽兽有知而无义，人有气有生有知，亦且有义，故最为天下贵也。"

4. 《經上》(4)：慮[①]，求也。

《經説上》(4)：[慮] 慮也者，以其知[②]有求也，而不必得之，若睨[③]。

【译文】虑，是人进行求知的活动。虑，是人运用自己的认识器官所具有的认识能力进行求知，虽然未必能够获得知识。就像张眼斜视外物，未必能够得到事物的真实情况。

【校注】①虑：[注] 思考、谋虑、探求。《尔雅• 释诂》："虑，思也。"《说文》："虑，谋思也。"②知：[注] 认识能力。③睨：[注] 斜视。《说文》说："睨，衺（斜）视也。"

【概论】本条阐述参与认识活动也是人能够获得认识的必要条件。

5. 《經上》(5)：知[①]，接[②]也。

《經説上》(5)：[知] 知也者，以其知[③]過物[④]而能貌之[⑤]，若見。

【译文】感性知识，来自于人的感觉器官与外界事物的接触。感性知识，是人用感觉器官与外界事物相接触而能反映外物的形貌，就像眼睛看见外物而留下印象一样。

【校注】①知：[注]特指感性认识。②接：[注]接触、相遇、感受。《说义》："接，交也。"《广雅• 释诂》："接，合也。"③知：[注] 认识能力。④过物：[注]

与外物相接触。从高亨说。[校] 孙诒让校“过”为“遇”，姜宝昌从之，不确。⑤貌之：[注] 摹写物象。

【概论】本条阐述人的感觉器官与外界事物相接触从而获得关于外界事物的感性认识。

6.《經上》(6)：恕[1]，明也。

《經説上》(6)：[恕[2]] 恕也者，以其知[3]論[4]物，而其知[5]之也著，若明。

【译文】理性知识，是人对事物清楚明白的认识。理性知识，是人运用自己的思维器官对外物的印象或感觉做出分辨和论证，从而得出非常明确的认识，就像看清了外物的本质一样。

【校注】①恕：[注] 特指理性认识。《荀子・正名》：“心有征知。”②恕：[校]《道藏》本作“恕”。下同。③知：[注] 认识能力。④论：[注] 分辨、说明。《说文》：“论，议也。”《广韵》：“论，说也、议也、思也。”⑤知：[注] 认识。

【概论】思维器官的功能就是对自己所获得的感性知识进行分辨和论证，从而获得高级的理性知识。

7.《經上》(7)：仁[1]，體[2]愛也。

《經説上》(7)：[仁] 愛己[3]者，非爲用己[4]也，不若愛馬[5]。

【译文】仁，是兼爱的具体表现。爱自己并不是为了利用自己，不像爱马那样是为了利用马。

【校注】①仁：[注] 亲人、爱人。《说文》：“仁，亲也。从人二。”②体：[注] 部分。从梁启超、高亨说。梁启超：“个人为人类之一体，体分于兼。人之爱人，若手足之捍头目也。此体爱之义。”王讃源解释“体”为实行、践履。孙中原将“体”当作衍字删除。③④己：[注] 自己。《道藏》本作“已”，现改正。《大取》:“爱人不外己，己在所爱之中。”“爱人非为誉也。”[校] 孙诒让、高亨、孙中原校“己”为“民”，不确。⑤爱马:[校] 后原有“著若明”三字，涉上文而衍，当从孙诒让校删。

【概论】阐述“对己有用”不是“仁”或“爱”的必要条件。爱，不能以对自己有用为前提条件。

8.《經上》(8):義，利也。

《經説上》(8):[義] 志以天下爲芬[1]，而能[2]能[3]利之，不必用。

【译文】道义，就是决心做对天下有好处的事情。把利天下作为自己的职分，而才能又能利天下，这种才能不一定能实际发生作用。

【校注】①芬:[注] 通“分”，职分、责任。据王闿运、高亨说。②能:[注] 才能。据张之锐、高亨说。③能:[注] 能够。据高亨说。

【概论】阐述虽然道义是做对天下有好处的事情，但实际发生作用并不是道义的必要条件。

9.《經上》(9):禮，敬也。

《經説上》(9):[禮] 貴者公，賤者名[1]，而俱有敬僈[2]焉，等异論[3]也。

【译文】礼，是用来表示尊敬的。贵者称为公，贱者呼其名，然而都有尊敬与轻慢的分别，齐一贵贱等差之意。

【校注】①贵者公，贱者名:[注] 高贵者称呼其为公，低贱者则直呼其名字。《通志》云:“贱者有名无氏。”有氏则称之“某公”，无氏则直呼其名。[校] 高亨、孙中原校改“名”为“台”，不确。②僈:[注]“慢”的异体字。《礼记·缁衣》:“可敬不可慢。”③等异论:[注] 贵贱之礼，各有其大小、高下、文质之别。等:[注] 级次。异:[注] 不同。论:[注] 理。

【概论】阐述“贵”不是“礼”的必要条件。

10.《經上》（10）：行[①]，爲也。

《經説上》（10）：[行] 所爲不善[②]名，行也。所爲善名，巧[③]也，若爲盗。

【译文】品行，就是为人处事。作为不是为了某种名声称作行。作为是为了某种名声叫作巧诈，就像盗贼取巧得物那样。

【校注】①行：[注] 品行。《墨子·修身》：“名不可简而成也，誉不可巧而立也。君子以身戴行者也。”《荀子·正名》：“正义而为谓之行。”②善：[注] 擅长，擅自。③巧：[注] 取巧、欺伪。《说文》：“巧，技也。”《广韵》：“巧，伪也。”

【概论】阐述不善名是品行的必要条件。

11.《經上》（11）：實，榮[①]也。

《經説上》（11）：[實] 其志氣之見也。使人如[②]己[③]，不[④]若金聲玉服。

【译文】内在的气质，是可以通过外在表现来呈现的。人的志向与勇气通过外表呈现出来，能够让人效仿，不像金声、玉服那样（突饰于外而无补于内）。

【校注】①荣：[注]草木开花，引申为事物的实质所表现出来的现象。②如：[校] 张之锐、张其锽、高亨、孙中原校改为“知”，不确。③己：[注] 自己。孙中原校改为“矣”，不确。④不：[校] 高亨、孙中原当作衍字删除，不确。

【概论】内在气质是外在表现的必要条件。

12.《經上》（12）：忠，以爲利而强低[①]也。

《經説上》（12）：[忠] 不利，弱孩[②]足將入井[③]，止[④]容。

【译文】忠，就是以为对对方有好处从而努力去达成。对对方没有好处的事情，如小孩即将沉溺于水中，这时就停止笑容。

【校注】①低：[注] 氐、抵。张惠言："低当作氐。"孙诒让、高亨、孙中原校改为"君"，不确。②孩：[校]《道藏》本作"子亥"，从曹耀湘、张之锐、高亨、孙中原校改。③井：[校]《道藏》本无此字，从高亨、孙中原校增。④止：[注] 停止。[校] 高亨、孙中原校改为"之"，不确。

【概论】努力做对对方有利的事情是忠的充要条件。

13.《經上》(13)：孝，利親也。

《經説上》(13)：[孝] 以親爲芬①，而能②能③利親，不必得。

【译文】孝，就是做对父母有好处的事。把父母作为自己的职分，而自己的能力又能做对父母有好处的事，不过，做这种好事，父母不一定就能够得到这种好处。

【校注】①芬：[注] 通"分"，职分、责任。据王闿运、高亨说。②能：[注] 才能。据张之锐、高亨说。③能：[注] 能够。据高亨说。

【概论】以孝敬父母为职分并不以其实际上得到为必要条件。

14.《經上》(14)：信，言合於意①也。

《經説上》(14)：[信] 不以其言之當②也。使人視城得金。③

【译文】诚信，是言语合于心中之所想。一句话是诚实地说出来的，并不以这句话与事实相符合为必要条件。比如自己真的掉了金子在城里，让人去找，这人能否找到金子，都不能影响自己所说的话是可信的。

【校注】①言合于意：[注] 言语与心意相合。②当：[注] 语言符合事实。③使人视城得金：[注] 自己掉了金子在城里，让人去找，不管这人能否找到金子，都不能影响自己所说的话是可信的。高亨说："谓我失金于城上，使人视城寻金也。寻而得，其言当。寻而不得，其言不当。但我失金之事不虚，即我使人之言是信。至于寻金之得与不得，足验我言之当与不当。我言之当与不当，无涉于我言之信也。”

【概论】“当”并不是一句话诚实的必要条件。语言只要表达了自己的思想，就已经是诚实了，但这种语言未必就是正确的，因为自己的思想未必都是符合于事实的。

15.《經上》（15）：佴[①]，自作[②]也。

《經説上》（15）：［佴］與[③]人遇[④]人，衆循[⑤]。

【译文】佴是自身作为。以给予的态度对待别人，大家都会效仿而跟随。

【校注】①佴（èr）:［注］次，助人利人。《说文》:“佴，佽也。”②作:［注］为。《墨子•法仪》:“动作有为。”《墨子•辞过》:“作为宫室。”“作为舟车。”［校］高亨、孙中原改“作”为“怍”，不确。③与:［注］给予。《说文》：“与，赐、予也。”④遇:［注］待。⑤循:［注］跟随。［校］谭戒甫、高亨、孙中原校改为“遁”，不确。

【概论】自己给予他人是他人能够跟随的充分条件。

16.《經上》（16）：誚[①]，作嗛[②]也。

《經説上》（16）：［誚］爲是爲是[③]之臺彼[④]也，弗爲也。

【译文】誚，是作为廉洁。做这件事情或者做那件事情，如果会对他人有害，那就不要做。

【校注】①誚:［注］通“狷”，洁身自好。《论语•子路》：“狷者有所不为也。”②作嗛:［注］作为廉洁。［校］高亨、孙中原校改为“怍兼”，有愧于兼爱。③为是为是:［校］孙诒让、孙中原删后一“为是”，不确。④台彼:［注］殆彼，危害他人。吴毓江:“台，读为殆。危，殆也。狷者谨介守分，义不危殆他人。”

［校］高亨、孙中原改“台”为“害”，不确。

【概论】对他人无害（正义底线）是做一件事的必要条件。

17.《經上》（17）：廉，作①非也。

《經説上》（17）：［廉］己惟②爲之，知其䫉③也。

【译文】廉，就是不要去做。自己虽然做了，但心里自觉不安。

【校注】①作：［校］高亨、孙中原校改为“怍”，不确。②惟：［注］古通“虽”。③䫉（xí）：［注］“葸”之异体字，惧貌。［校］高亨、孙中原校改为“耻”，不确。

【概论】不做是廉洁的充要条件。

18.《經上》（18）：令①，不爲，所作②也。

《經説上》（18）：所令，非身弗行。

【译文】命令，是自己不做，却是自己所出的。所作出的命令，要是自己不亲自做，就难以推行。

【校注】①令：［注］命令。《广雅·释诂》：“令，使也。”②作：［注］作出。

【概论】身体力行是令人做事的必要条件。

19.《經上》（19）：任①，士損己而益所爲也。

《經説上》（19）：［任］爲身之所惡，以成人之所急②。

【译文】任侠，就是知识人做损害自己但对他的行为有好处的事情。任侠，就是做自己本身所厌恶，但却可以成就他人所急需的事情。

【校注】①任：［注］责任、担当。《说文》：“任，保也。”《孟子·尽心上》：“墨子兼爱，摩顶放踵利天下为之。”《淮南子·泰族训》：“墨子服役者百八十人，皆可使赴汤蹈刃，死不旋踵。”②急：［注］病，困难。

【概论】损己利人是任侠的充要条件。

20.《經上》(20)：勇，志[①]之所以敢也。

《經説上》(20)：[勇] 以其敢於是也，命[②]之；不以其不敢於彼也，害之。

【译文】勇，是具有某种志气从而敢于做某事。以敢于做这件事而说他勇敢，并不因为他不敢做那件事而妨害说他勇敢。

【校注】①志：[注] 立志、意志。②命：[注] 名，动词。

【概论】敢于做甲事情并不是某人敢于做乙事情的必要条件。

21.《經上》(21)：力，刑[①]之所以奮[②]也。

《經説上》(21)：[力] 重之謂，下與[③]重，奮[④]也。

【译文】作用力，是物体运动的原因。作用力，可以通过物体的重量体现出来，也可以通过从下面往上举起物体表现出来。

【校注】①刑：[注]通“形”，形体、物体。②奋：[注]动，运动。《广雅·释诂》：“奋，动也。”③与：[注]通“举”，从高亨说。④奋：[校]《道藏》本作“旧(舊)”，据《经》校改。

【概论】力是物体运动的充分条件（原因）。牛顿第二定律：作为物理量，力是一物体对另一物体所施加的作用，并使该物体运动状态发生变化，即迫使该物体脱离静止状态或匀速直线运动状态。

22.《經上》(22)：生，刑[①]與知[②]處也。

《經説上》(22)：[生] 楹之生，商不可必也。[③]

【译文】生命，就是有了身体同时具备知觉的现象。有身体同时也有知觉，就有了生命现象，但生命现象并非永久不变。

【校注】①刑：[注] 古通“形”，形体、物体，特指人的身体。②知：[注] 认知能力。③楹：[注] 通“盈”，充盈。商：[注] 古通“常”。《广雅•释诂》：“商，常也。”

【概论】身体或知觉，都是构成生命的必要条件，二者相结合是生命的充要条件。《荀子•王制》：“水火有气而无生，草木有生而无知，禽兽有知而无义。人有气，有生，有知，亦且有义，故最为天下贵也。”

23.《經上》（23）：卧，知①無知②也。

【译文】人睡眠时，人的认知能力处于无法认知的状态。

【校注】①知：[注] 认知能力。②知：[注] 认识活动。

【概论】睡眠是人的认识能力不参与认识活动的充分条件。

24.《經上》（24）：夢，卧①而以爲然也。

【译文】梦，是人在睡眠时把幻觉当成了真实。

【校注】①卧：[注] 睡觉，睡着。《说文》：“寐，卧也。”《广雅•释诂》：“卧，寝也。”

【概论】梦以睡眠为必要条件。

25.《經上》（25）：平，知①無欲惡也。

《經説上》（25）：[平] 惔②然。

【译文】平，就是心里没有喜欢和憎恨。平淡的样子。

【校注】①知：[注] 认识能力。②惔：[注] 古通“倓”“憺”。《说文》：“倓，安也。”“憺，安也。”

【概论】没有喜欢和憎恨是心里平淡的充分条件。

26.《經上》(26)：利，所得[①]而喜也。

《經説上》(26):[利] 得是而喜，則是利也。其害也，非是[②]也。

【译文】好处，就是得到它就喜欢的东西。得到它就喜欢的东西就是利。害处则不是这样。

【校注】①所得:[注]得到的东西。②非是:[注]不是得到它就喜悦的情况。

【概论】利益是得到它就高兴的充分条件。

27.《經上》(27)：害，所得而惡也。

《經説上》(27):[害]得是[①]而惡，則是[②]害也。其利也，非是[③]也。

【译文】害处，是得到它而憎恨的东西。得到它而憎恨的东西是害。利则不是这样。

【校注】①是:[注] 此。②是:[注] 为，动词。③非是:[注] 不是得到它就厌恶的情况。

【概论】害处是得到它就憎恨的充分条件。

28.《經上》(28)：治，求得[①]也。

《經説上》(28)：[治] 吾事治矣，人有[②]治[③]，南北[④]。

【译文】治理，就是努力去做就可以达成。我做这件事情已经达成了，人家又来搞一套，这就会矛盾。

【校注】①求得:[注] 求治得治。曹耀湘:“治，去声，求而得之。”②有:[注] 通“又”。③治:[注] 治理。[校] 孙中原删除此字，不确。④南北:[注] 抵牾，争攘。[校] 高亨、孙中原校改为“向背”，不确。

【概论】努力做就可以达成是治理的充分条件。

29.《經上》(29):譽①,明美也。

《經説上》(29):[譽]必②其行也,其言之忻,使人督之。

【译文】称誉,就是表扬美善的行为。称誉,一定是针对人们行为的善良之处,称誉的话使人高兴,也使人受到督促。

【校注】①誉:[注]称誉、表扬。②必:[校]在《道藏》本中此字前原有“之”字,从高亨校删。

【概论】称誉是宣扬美善的充分条件。

30.《經上》(30):誹①,明惡也。

《經説上》(30):[誹]必其行也,其言之怍②。

【译文】批评,是要指明对方的缺点或丑恶之处。批评,一定是针对人们行为的丑恶之处,批评会使人感到惭愧。

【校注】①诽:批评。②怍:[校]《道藏》本作“忻”,从高亨校改。[注]惭愧。

【概论】批评是指出缺陷的充分条件。表扬和批评是社会治理中的两个非常重要的方面。

31.《經上》(31):舉,擬實也。①

《經説上》(31):[舉②]告以之③名,舉彼實也。

【译文】举,就是用名称或概念来模拟事物的形象。告诉你这个名称或概念,就可以指称或表示那个实际的对象。

【校注】①举:[注]举出、提出。拟:[注]模拟。《小取》:“以名举实。”②举:[校]《道藏》本作“誉”,据上下文意校改。③之:[校]《道藏》本作“文”,

从孙诒让校改。

【概论】以名举实是指称实的充分条件。表扬和批评都需要列举事实。

32.《經上》(32)：言，出舉也。

《經説上》(32)：故言也者，諸口能之，出名①者也。名②若畫虎也。言，謂也③。言猶實④致也。

【译文】语言，是用来表达概论的。所以，语言是人的口的一种能力，是用来表达名称或概念的东西。名称或概念表达实际的对象就像画老虎来表征老虎的特征一样。语言就是用来称谓事物实际的。说出什么样的语言，就如同事物实际来到了眼前。

【校注】①②名：[校]《道藏》本作“民”，从孙诒让校改。③谓也：[校]《道藏》本作“也谓”，从孙诒让校乙。④实：[校]《道藏》本作“石”，从毕沅校改。孙诒让校改为“名”，不确。

【概论】语言是表达思想的必要条件。

33.《經上》(33)：且，言①然也。

《經説上》(33)：[且] 自前曰且，自後曰已②，方然亦且。若實③者也。

【译文】且，说的是将来要成为这样的语词。就一件事情发生之前说它叫“且”，就一件事情发生之后说它叫“已”，就现在正在发生的事情也可以叫“且”。就像实际发生的情况一样。

【校注】①言：[校]《道藏》本在此字前有“且”，当删除。②已：[注] 已经。③实：[校]《道藏》本作“石”，当作“实”。曹耀湘校“石”为“后”，也通。

【概论】现在是将来的一个部分。一切历史都是现在时。

34.《經上》（34）：君，臣萌[①]通約也。

《經説上》（34）：［君］以若名者也。

【译文】国君，是对臣和民都加以约束的人。就像“君”这个概念所表示的那样。

【校注】①萌：［注］通“民”。

【概论】梁启超用西方的民约论解释，不确。主要理由是，这里是对“君”这个概念下定义，需要揭示其本质属性。

35.《經上》（35）：功，利民也。

《經説上》（35）：［功］不待時，若衣裘。[①]

【译文】功，就是做对老百姓有好处的事。做对老百姓有好处的事情不能等待，就像制夏衣或冬裘都必须提前准备那样。

【校注】①衣裘：［注］葛衣、鹿裘。本句后原有“功不待时，若衣裘”，因涉本句而衍，当删除。

【概论】利民是立功的必要条件。

36.《經上》（36）：賞，上報[①]下之功也。

《經説上》（36）：［賞］上報下之功也。[②]

【译文】奖赏，是上级对下级做好事而进行奖励。

【校注】①报：［注］酬也。②上报下之功也：［校］此句原来错置于《经说上》（37）“殆姑”之后，从孙诒让校移。《说》文与《经》文相同，疑有误。

【概论】国家在治理过程中对有功者进行奖赏是必要的。

37.《經上》（37）：罪，犯禁也。

《經説上》(37)：[罪] 不在禁，惟[①]害無罪，殆姑[②]。

【译文】犯罪，是做了法律上所禁止做的事情。不在法律所禁止的范围内，虽然是祸害但并不犯罪，不过已近于罪矣。

【校注】①惟：[注] 通“虽”。②殆：[注] 近也。《荀子•荣辱》篇：“巨涂则让，小涂则殆。”杨琼注：“殆，近也。”姑：[注] 读为辜，以其声符同为古、故也。殆姑：[注] 近于罹罪也。高亨、孙中原校为“若诒”，就像欺人那样。[校] 本句后原有“上报下之功也”六字，涉上条《经》文而衍，当删除。

【概论】明确犯罪的内涵。做了法律上所禁止的事情，是犯罪的必要条件。

38.《經上》(38)：罰，上報下之罪也。

《經説上》(38)：[罰] 上報下之罪也[①]。

【译文】惩罚，是上级对下级所犯罪过的处理。

【校注】①上报下之罪也：[校]《说》文与《经》文相同，疑有误。

【概论】国家在治理过程中对有罪者进行惩罚是必要的。

39.《經上》(39)：同，异而俱於之一也[①]。

《經説上》(39)：[侗[②]] 二人而俱見是楹[③]也，若事君[④]。

【译文】同，是指不同的事物在某一点上是相同的。两人共同看到这根柱子，比如众人共同侍奉君主。

【校注】①异而俱于之一也：[注] 不同的事物在某一点是相同的。②侗：[注] 通“同”，从孙诒让说。③楹：[注] 柱子。④事君：[注] 众臣同事一君，从孙诒让说。

【概论】通过“异”来定义“同”。举“合同”为例。为下面两条的阐述做准备。

40.《經上》(40):久[1],彌[2]异時也。

《經説上》(40):[久] 合[3]古今旦[4]莫[5]。

【译文】时间(久),是不同具体时间形式的概括。古今旦暮都是时间。

【校注】①久:[注] 时间。杨宽说:"时间之义,存乎久。"②弥:[注] 合,周遍。《广雅·释诂》:"弥,合也。"③ [久] 合:[校]《道藏》本作"今久",现乙正。合:[校]《道藏》本作"今",据胡适校改。④旦:[校]《道藏》本作"且",从王引之、孙诒让校改。⑤莫:[注] 通"暮",夜晚。

【概论】用不同(异)的具体的时间概念来定义最普遍的时间概念。具体时间是构成"久"的必要条件。

41.《經上》(41):宇[1],彌异所也。

《經説上》(41):[宇] 東西家南北[2]。

【译文】空间(宇),是不同具体空间形式的概括。东西家南北都是空间。

【校注】①宇:[校]《道藏》本作"守",从孙诒让校改。②东西家南北:[校] 胡适将"家"移于"东西"前面,并校改为"蒙",不确。

【概论】用不同(异)的具体的空间概念来定义最普遍的空间概念。"宇久"又称宇宙。"往古来今谓之宙,四方上下谓之宇。"(《淮南子·齐俗训》)

42.《經上》(42):窮[1],或[2]有前不容尺也。

《經説上》(42):[窮] 或不容尺,有窮。莫不容尺,無窮也。

【译文】有穷,是空间区域存在不能再容纳一条线的情况。空间区域前面不能再容纳一条线,称为有穷。没有不能容纳一条线的情况,称为无穷。

【校注】①穷:[注] 有穷、穷尽。②或:[注]"域"的正字,区域。从孙诒让说。

【概论】用空间概念来明确“有穷”和“无穷”两个概念。

43.《經上》(43)：盡[①]，莫不然也。

《經説上》(43)：[盡] 但[②]止動。

【译文】尽，就是没有不是这样。世界上的事物都无非静止和运动两种情况。

【校注】①尽：[注] 所有。全称量词。与“或”相对。《小取》：“或也者，不尽也。”②但：[注] 仅仅、只有、无非、不外。副词。从齐瑞端、周才珠说。[校] 孙诒让校“但”为“俱”。[注] 孙中原认为“俱止动”，即在一个论域中可以说，所有的个体都停止，所有的个体都运动。

【概论】明确“尽”这个全称量词的内涵。“所有都是这样”，等价于“没有不是这样”。

44.《經上》(44)：始，當時[①]也。

《經説上》(44)：[始] 時或有久，或無久。始當無久[②]。

【译文】始，就是正值某个事物刚刚肇起的那样一个刹那的时间点。时间可分为有时间持续的和没有时间持续的。始，是没有时间持续的。

【校注】①始：[注] 开始、开端。当：[注] 正值。当时：[注] 正当某一时间点。伍非百：“始者何？时之初也。时从何始？始于‘有时’。有时之时何时？当为‘无久’之时。”②始当无久：[注]“开始”应当属于没有时间持续的情况。《经说上》(51)：“无久之不止，当牛非马，若矢过楹。有久之不止，当牛马非马，若人过梁。”

【概论】明确“开始”这个概念的内涵。庄子曾用无穷倒退、恶性循环的归谬法来否定“开始”这个概念的明确内涵，《庄子·齐物论》：“有始也者，有未始有始也者，有未始有夫未始有始也者。”墨家认为，“开始”这个概念是有明确内涵的，是可以用“久”这个时间概念来定义的。

45.《經上》(45)：化，徵易也①。

《經説上》(45)：[化] 若鼃為鶉②。

【译文】事物的变化，是其根本性质的改变。就像青蛙变为鹌鹑。

【校注】①化：[注] 突变。征：[注] 物的特征或征象。②鼃：[注] 即蛙，青蛙。鹑：[注] 鹌鹑。

【概论】关于"变化"这个概念，墨家和荀子的观点存在着差别。墨家认为，变化是事物根本性质的改变，是质变。荀子则认为变化仅仅是事物在形状上的改变，本质未变，是量变。《荀子• 正名》："状变而实无别而为异者，谓之化。"

46.《經上》(46)：損①，偏②去也。

《經説上》(46)：[損] 偏去③也者，兼之體也。其體或去或④存，謂其存者損。

【译文】损，是去掉了一部分。去掉的一部分，是属于整体的部分。整体的部分或者去掉或者保存，就它的存在部分来说受损了。

【校注】①损：[注] 亏损、减损。②偏：[注] 部分。③去：《道藏》本无此字，从王念孙校增。④或：《道藏》本无此字，从孙诒让校增。

【概论】明确"损"这个概念的内涵。《庄子• 齐物论》："凡物无成与毁，复通为一。"名家也主张"缺器不损"。墨家则认为，"损"这个概念有明确的内涵。

47.《經上》(47)：益，大也。①

【译文】益，就是量上在增加。

【校注】①益，大也：[校]《道藏》本作"大益。"在《道藏》本中，此二字夹在"巧转则求其故"与"儇積柢"之间，孙诒让疑"损益义似正相对"，移至"损偏去也"条下。叶翰从孙校，而又改为"益，大"，伍非百加一"也"

字，当从。

【概论】明确“益”这个概念的内涵。损、益，是一对范畴。

48.《經上》(48)：環[①]俱柢[②]。

《經説上》(48)：[環] 詢民也。[③]

【译文】直立圆环滚动时，所有的部分都碾地。去询问老百姓即可知道。

【校注】①环：[校]《道藏》本作“儇”，从孙诒让校改。[注] 圆环、车轮。《玉篇》：“环，绕也。”《正韵》：“环，回绕也。”②俱：[校]《道藏》本作“稘”。柢：[校]《道藏》本作“秪”。[注]根底、根本。《说文》：“柢，本也。”《尔雅•释言》：“柢，木根也。”孙诒让：“凡物有端，则有本，环之为物，旋转无端，若互相为本，故曰俱柢。”杨宽校“秪”为“氐”，王讚源校“秪”为“抵”，可参考。③环：[校]《道藏》本作“儇”，从孙诒让校改。询：[校]《道藏》本作“昫”，从孙诒让校改。[注] 询问。

【概论】与辩者的论题针锋相对。辩者主张“轮不蹍地”(《庄子•天下》)。

49.《經上》(49)：窟[①]，易也。

《經説上》(49)：[窟] 區穴[②]常若斯貌[③]。

【译文】窟，就是变换。物体的面和穴，其情况一样。

【校注】①窟：[校]《道藏》作“库”，从谭戒甫校改。[注] 土穴、洞穴、空洞、孔洞、窟窿、窟笼。下同。②区：[注] 面。穴：[注] 土室、孔洞、窟窿，这里特指面上的空缺部分。③常若斯貌：[校]《道藏》本作“若斯貌常”，从高亨校改。

【概论】阐述“窟”这样一种特殊的变化形式。

50.《經上》(50)：動，或[①]徙[②]也。

《經説上》(50)：[動] 偏祭[③]徙者，戶樞蛇瑟[④]。

【译文】动，是物体在空间位置上有些部分迁徙有些部分不迁徙。物体至少有一部分迁徙的例子，如户枢的转动、蛇的蠕动、琴弦的拨动。

【校注】①或:[注] 有些是并且有些不是，量词。[注] 部分，从方孝博说。[校] 孙诒让认为“或”为“域”之正字。②徙:[校]《道藏》本作“从（從）”，从孙诒让校改。[注] 迁徙、移动。下同。③偏:[注] 部分。《经说上》(46):“偏去也者，兼之体也。”祭:[注] 借为“际（際）”，从孙诒让说。《广雅•释言》:“祭，際也。”沈有鼎删“祭”字，不确。④户枢:[注] 门的转轴。蛇:[校]《道藏》本作“免”，从孙诒让校改。瑟:[注] 琴瑟。[校] 孙诒让改“瑟”为“蚕”，也通。

【概论】现代物理学认为，物体之间或物体内各部分之间相对位置发生变化的过程为机械运动，机械运动是自然界最普遍、最简单的运动。

51.《經上》(51)：止，以久也[①]。

《經説上》(51)：[止] 無久之不止[②]，當牛非馬[③]，若矢[④]過楹。有久之不止，當牛馬非馬[⑤]，若人過梁。

【译文】物体静止，是因为有时间上的持续。没有时间持续的运动，如同说“牛非马”即牛都不是马，就像箭矢飞穿过柱子。有时间持续的运动，如同说“牛马非马”即牛马不都是马，就像一个人走过一座桥梁那样。

【校注】①止:[注] 静止。以:[注] 因为。②不止:[注] 运动，行。③牛非马:[注] 所有牛都不是马，“牛”和“马”之间为不相容的排斥关系。④矢:[校]《道藏》本作“夫”，从王引之校改。⑤牛马非马:[校]《道藏》本作“马非马”，从沈有鼎校改。[注]“牛马非马”的意思是“并非牛马都是马”，也就是说，“牛马”中有些部分是马，有些部分不是马，“牛马”和“马”之间为相容关系。“牛马非马”属于“或”的一种情况。

【概论】用时间概念来定义静止和运动。静止是有时间持续的，运动则分没有时间持续和有时间持续两种。静止是运动的特殊形式。中国古代的辩者认为:“镞(zú)矢之疾,而有不行不止之时。”(《庄子·天下》)

52.《經上》(52):必,不已[①]也。

《經説上》(52):[必]謂壹[②]執[③]者也,若弟兄。一然者一不然者,必不必也,是非必也。

【译文】必,就是不停止。必,就是一直如此下去,就像有弟必有兄一样。如果事物情况有些是这样而且有些不是这样,则一定是“不必然”,而不是“必然”。

【校注】①已:[校]《道藏》本作“巳”,从高亨校改。[注]停止。《广韵·止韵》:“已,止也。”②壹:[校]《道藏》本作“台(臺)”,从高亨校改。③执:[校]《道藏》本作“埶”,从毕沅校改。[注]直。

【概论】明确“必”这个概念的内涵。“一然者一不然者”,也就如“牛马非马”这样的情况。

53.《經上》(53):平,同高也。[①]

【译文】平,就是高度相同。

【校注】①平,同高也:[注]平是距离水平面都是同样的高度。

【概论】明确“平”这个概念的内涵。惠施主张相对主义,认为“山与泽平”(《庄子·天下》),“山渊平”(《荀子·不苟》)。

54.《經上》(54):同長,以正[①]相盡也。

《經説上》(54):[同]楗[②]與框[③]之同長也。

【译文】相同长度,就是指用某个标准去衡量两个物体的长度相重合的情况。门楗与门框是同长的。

【校注】①正：[校]《道藏》本作“缶”，从毕沅校改。[注] 标准。《大取》：“权，正也。”②楗：[校]《道藏》本作“捷”，从毕沅校改。[注] 门闩，挡门的直木。③框：[校]《道藏》本作“狂”，从高亨校改。[注] 门框。

【概论】明确“同长”这个概念的内涵。

55.《經上》(55)：中，同長也。

《經説上》(55)：中心[①]，自是往相若[②]也。

【译文】圆心，是到圆周上每一点长度相同的位置。圆心，从它出发到圆周上的每一点的距离都相等。

【校注】①中心：[校]《道藏》本作“心中”，据谭戒甫、詹剑峰乙正。②相若：[注] 相等。

【概论】明确“圆心”这个概念的内涵。

56.《經上》(56)：厚[①]，有所大也。

《經説上》(56)：[厚] 惟無厚無[②]所大。

【译文】体积，有它大的地方。只有没有体积的东西，才没有它大的地方。

【校注】①厚：[注] 体积。《说文》：“厚，山陵之厚也。”②惟无厚无：[校]《道藏》本作“惟无”，从高亨校增。

【概论】明确“厚”这个概念的内涵。反对惠施“无厚不可积也，其大千里”(《庄子·天下》)。

57.《經上》(57)：日中，正[①]南也。

【译文】太阳处于正中央，就是正南方。

【校注】①正：[校]《道藏》本作“缶”，从孙诒让校改。

【概论】明确“日中”这个概念的内涵，即太阳处于正中央，也就是处于正南方的时刻，从而驳斥了惠施的相对主义。惠施主张相对主义，《庄子·天下》篇载，惠施主张“日方中方睨”，认为太阳处于正中央的时候，同时又已经偏斜了。

58.《經上》(58)：直[①]，參[②]也。

【译文】直线，是三点中有一点正处于另外两点之间。

【校注】①直:[注]直线。②参:[注]参与、介于其间。《广雅·释言》:“参，三也。”沈有鼎认为这是关于直线的定义，即三点在一条直线上，也就是说三点中有一点恰好介于其余两点之间。《法仪》:“直以绳。”木匠做木工，通常用墨斗画直线取材。

【概论】明确“直线”这个概念的内涵。

59.《經上》(59)：圜[①]，一中同長也。

《經説上》(59)：[圜] 規寫交[②]也。

【译文】圆，就是由一个中心、等长半径构成的平面图形。用规画封闭曲线可得。

【校注】①圜:[注] 同“圆”。下同。②交:[校]《道藏》本作“支”，从孙诒让、高亨校改。于鬯以“支”为“之”的误字，可参考。

【概论】墨家在定义了直线之后，再阐述曲线。明确“圆”这个概念的内涵。墨家主张“为圆以规”(《墨子·法仪》),“轮人之有规”(《墨子·天志上》)，反驳辩者“规不可以为圆”(《庄子·天下》)。

60.《經上》(60)：方，柱隅[①]四权[②]也。

《經説上》(60)：[方] 矩見[③]交[④]也。

【译文】方，是四条边和四个角都相等的平面图形。用矩尺画相交线可得。

【校注】①柱：［注］方形的边。隅：［注］方形的角。②权：［校］《道藏》本作“讙”。［注］相等。栾调甫：“讙读为权，权言等也。”高亨：“讙疑当读为权衡之权。权犹等也。权取其平，两重相等而后平，故权有等义。方之为形，四边相当，四角相等。”孙诒让疑“讙”为“杂”。③见：［注］姜宝昌说“见者，得之而见之者”，当从。［校］孙诒让校“见”为“写”，高亨、孙中原从之，可参考。④交：［校］《道藏》本作“支”，从高亨校改。于鬯以“支”为“之”的误字，可参考。

【概论】明确“方”这个概念的内涵。墨家主张“为方以矩”（《墨子·法仪》），“匠人之有矩”（《墨子·天志上》），反驳辩者“矩不方”（《庄子·天下》）。墨家以“方”为例说明“法”这个概念，《经下》（165）：“一法者之相与也尽类，若方之相合也，说在方。”

61.《經上》（61）：倍[①]，爲二也。

《經説上》（61）：［倍］二尺與尺但去[②]一。

【译文】倍，就是原数乘以二。两条线去掉一条线还有一条线。

【校注】①倍：［注］加倍。②去：［注］减去。

【概论】明确“倍”的内涵。倍，就是以二乘以任何数量的计算方法。

62.《經上》（62）：端[①]，體[②]之無序[③]而最前者也。

《經説上》（62）：［端］是無同[④]也。

【译文】端点，就是处于线的最前面而其他任何情况均无可取而代之的部分。端点是没有和它相同的。

【校注】①端：［注］点。②体：［注］部分。③无序：［注］无可取代，从姜宝昌说。［校］王引之校“序”为“厚”，可参考。④同：［注］相同，从姜宝昌说。[校] 梁启超校“同”为“间”，孙中原校“同”为“内”，均不可取。

【概论】明确“端点”这个概念的内涵。端点是非常特殊的部分。

63.《經上》(63)：有間，中①也。

《經説上》(63)：[有間②] 謂夾之者也。

【译文】有间，是指两物体夹得有中间部分。有间，指夹有中间的两旁物体。

【校注】①中：[注]被夹的中间部分。②间：[校]《道藏》本作“闻”，据《经》校改。

【概论】明确“有间”这个概念的内涵。有间是两旁物体所具有的性质。

64.《經上》(64)：間，不及旁①也。

《經説上》(64)：[間②] 謂夾者也。尺前於區穴③而後於端，不夾於端與區内。及及④，非齊之及⑤也。

【译文】间，是不连及两旁的。间，指两旁夹着的中间部分。线在面或穴之前而在点之后，但不夹于点与面或穴之内。线与面相连及，线又与点相连及，但都不是有间的两两并列相夹。

【校注】①不及旁：[注]不连及两旁。《广雅·释诂》：“及，琐系牵连也。”②间：[校]《道藏》本作“闻”，据《经》校改。③穴：[校] 梁启超、高亨、孙中原主张删除此字，不确。④及及：[注] 尺、端、区穴三者互相连及，浑然一体，无空隙。尺与端相连及，尺又与区穴相连及，所以称及及。⑤非齐之及：[注] 尺、端、区穴三者并非并列相夹。齐：[注] 并、列。

【概论】明确“间”这个概念的内涵。中间是不包括两旁的。

65.《經上》(65)：纑①，間虚也。

《經説上》(65)：[纑] 虚也者，兩木[②]之間，謂其無木[③]者也。

【译文】 纑，是不连及两旁的中间空隙。所谓空隙，就是指两边都是木的中间，称其没有木的部分。

【校注】 ①纑:[注]麻皮。从王讃源说。《孟子·滕文公下》:"妻辟纑。"赵注:"练其麻曰纑。"陶鸿庆校"纑"为"离"，孙中原从之，误。②③木:[注]麻片。《广韵》:"木，麻片。"

【概论】 芦苇中间是空的，属于有间的情况。

66.《經上》(66)：盈[①]，莫不有也。

《經説上》(66)：[盈] 無盈無厚[②]。

【译文】 充盈，就是无处不有。没有充盈就没有体积。

【校注】 ①盈:[注] 充满、含容、渗透。《说文》:"盈，满器也。"《博雅》:"盈，满也、充也。"②无盈无厚:[注] 不充盈就不大不厚。《经上》(56):"厚，有所大也。"

【概论】 墨家在定义了"间"之后，再定义"盈"，为下条中的阐述做准备。盈是什么地方都不是空的。对于平面来说，不在第三维度积累其厚，便无体积可言。

67.《經上》(67)：堅白，不相外[①]也。

《經説上》(67)：[堅[②]] 於石[③]，無所往而不得[④]，得二。异處不相盈，相非[⑤]，是相外也。

【译文】 硬度和白色，这两种属性共存于一块白石头中而不互相分离。在这块白石头中，硬度和白色互相充盈而且遍及整个石头的每一个地方，都有硬度和白色这两种属性。只有硬度和白色这两种属性分处于两个不同的实体，它们才不相互充盈，才互相排斥，也就是相互分离。

【校注】①相外：[注]互相除外。不相外：在一个整体之中。孙诒让："不相外，言同体也。"②坚：[校]在《道藏》本中，该字处于"异"字的前边，现作为本条目的标牒字，从谭戒甫乙正。③石：[校]《道藏》本作"尺"，从孙诒让校改。④得：[校]高亨删除此字，孙中原从，不确。⑤相非：[注]互相排斥。《释名•释言》："非，排也。人所恶排去也。"

【概论】墨家在定义了"间"和"盈"之后，进而阐述事物和其属性之间的关系。墨家主张坚白相盈，反驳"离坚白"的观点。《庄子•天地》记载孔子问于老聃说："辩者有言曰：'离坚白，若县寓。'"《公孙龙子•坚白论》："视不得其所坚而得其所白者，无坚也；拊不得其所白而得其所坚者，无白也。……得其白，得其坚，见与不见离。一二不相盈，故离。"

68.《經上》（68）：攖[①]，相得[②]也。

《經説上》（68）：[攖] 尺與尺俱不盡，端與端俱盡[③]，尺與端[④]或盡或不盡。堅白之攖相盡。體[⑤]攖不相盡。

【译文】撄，就是两物相交。线与线相交，彼此不会全部契合。点与点相交，两者契合无间。线与点相交，点尽线不尽。坚（硬度）和白（颜色）相交为契合无间。两个物体相交，不会契合无间。

【校注】①撄：[注]相交。②相得：[注]相互占有对方的一部分。③与：[校]《道藏》本作"无(無)"。俱：[校]《道藏》本作"但"，从吴毓江校改。④端：[校]《道藏》本中此字窜入句末，从孙诒让校移。⑤体：[注]物体，从吴毓江说。[校]孙中原解"体"为"部分"，可参考。

【概论】阐述相交这个概念的内涵。

69.《經上》（69）：仳[①]，有以相攖，有不相攖也。

《經説上》（69）：[仳] 兩有端而後可。

【译文】比较，有两物相交和两物不相交两种情况。两物之间有可比之点才能互相比较。

【校注】①仳：[校]《道藏》本作“似”，从王引之、孙诒让依《说》校改。[注] 比较。

【概论】阐述“比较”这个概念的内涵。在几何上，无论是相交还是不相交的两条线之间的比较，都必须以其一端作为基准，才可以进行比较。如图 1.1 所示，左图为两线相交的情况。AB 比较长，AC 比较短。以它们的相交点 A 为圆心，以 AC 为半径作圆与 AB 相交于 D，则 AC=AD，而 DB 为 AB 长于 AC 的部分。右图为两线不相交（平行）的情况。AB 比较长，CD 比较短。以 A、C 两端对齐，又从 D 引垂线与 AB 相交于 F，则 CD=AF，而 FB 为 AB 长于 CD 的部分。

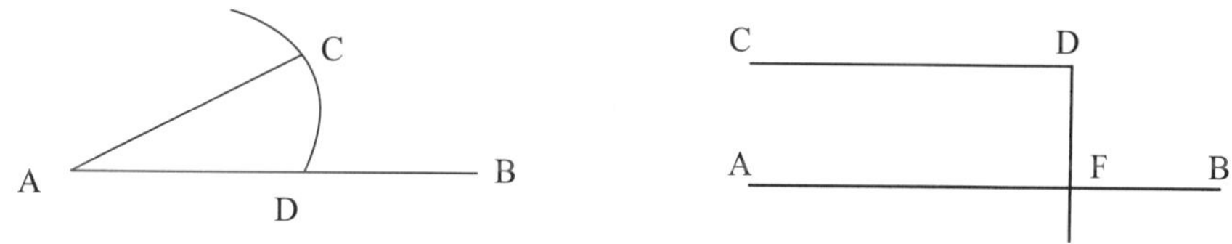

图 1.1　两条线之间的相交与不相交

70.《經上》(70)：次①，無間而不相②攖也。

《經説上》(70)：[次] 無厚而厚③可。

【译文】两图形相比次，其中无空隙而且不相交。无厚的图形和有厚的物体都可以进行比次。

【校注】①次：[注] 相比次，相切。②相：[校]《道藏》本作“攖”，从孙诒让校改。③厚：[校] 毕沅改为“后”，张惠言、孙诒让等从之。均误。现从杨俊光改正。而：[注] 与。

【概论】阐述相比次或相切概念的内涵。几何学上的相切（如图 1.2），通常是指直线与圆相切（左图），还有圆与圆相切（右图）。

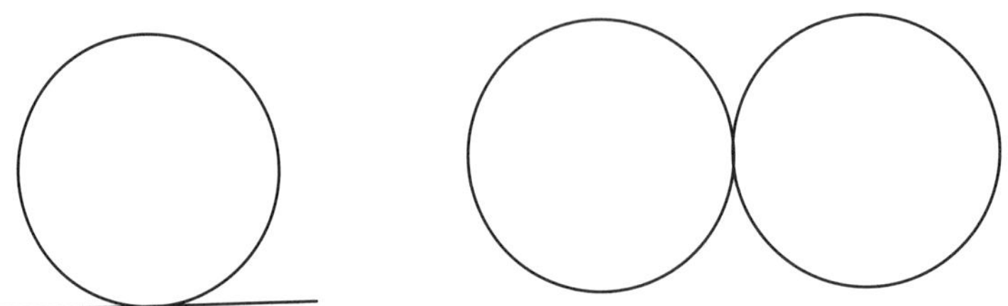

图 1.2　直线与圆相切，圆与圆相切

71.《經上》(71)：法[①]，所若而然[②]也。

《經説上》(71)：[法] 意、規、員[③]，三也，俱可以爲法。

【译文】法，就是依照它就能那样。圆的概念、圆规、圆自身这三者，都可以作为画圆的法（依据）。

【校注】①法：[注] 法仪，标准。《法仪》："天下从事者，不可以无法仪。""虽至百工从事者，亦皆有法。"②然：[注]能够如此，成为这样。《广雅·释诂》："然，成也。"③员：[注] 同"圆"。《释文》："圆，本又作员。"

【概论】阐述什么是法。胡适认为，意、规、圆三者，都可以作为画圆的依据。高亨认为，意、规、圆三者全都具备，才可以画圆。

72.《經上》(72)：佴[①]，所然也。

《經説上》(72)：[佴[②]] 然也者，民若[③]法也。

【译文】循，就是按某个样子去做。按某个样子去做，就像人民顺从法律。

【校注】①②佴（èr）：[校]《道藏》本作"佴"，心服，从杨俊光说。高亨改"佴"为"循"，可参考。③若：[注] 遵循，依照，符合。

【概论】阐述法的运用。

73.《經上》（73）：説[①]，所以明[②]也。

【译文】说，具有将一个辞之所以成立的理由揭示出来的作用。

【校注】①说：[注] 推理。《墨子·小取》："以说出故。" ②明：[注] 揭示，阐明，探究。

【概论】阐述什么是推理。

74.《經上》（74）：彼[①]，不可兩不可[②]也。

《經説上》（74）：[彼] 兕[③]牛，樞[④]非牛，兩也。無以非也。

【译文】对于所针对的这同一个对象来说，不可能辩论双方都是错的。如果辩论各自针对不同对象，例如，"兕"是牛，而"枢"不是牛，就没有理由说其中一方是错的。

【校注】①彼：[校]《道藏》本作"攸"，从梁启超、高亨依据《说》校改。伍非百、陈孟麟、杨俊光校"攸""彼"为"攸"，同"反"，解为一对矛盾命题。[注]事物或对象，从梁启超解释。高亨解释为"所争辩的命题"。②不可两不可：[注] 不可以两者都不可以。[校] 沈有鼎校为"不两可两不可"，梁启超、高亨校为"不可两"，孙中原、周云之从，均不确。③兕：[校]《道藏》本作"凡"，从高亨校改。孙中原校为"之"，不确。[注]《说文》："兕如野牛而青。"兕为兽，似牛，属牛类。④樞：[注] 即"枢"。孙中原校为"其"，不确。枢不属牛类。

【概论】阐述围绕同一个对象所进行的争论不能都是错误的。《说》从反面来论证《经》的思想。

75.《經上》（75）：辯，争彼[①]也。辯勝，當[②]也。

《經説上》（75）：[辯] 或[③]謂之牛，或謂之非牛，是争彼也。是不俱當。不俱當，必或不當，不若當犬[④]。

【译文】所谓辩，就是双方围绕同一个对象进行辩论。其中，论辩双方中“当”即对的一方为胜。一个人说这是牛，另一个人说这不是牛。这正好是围绕一个对象构成了命题之争。对于“这是牛”和“这不是牛”两个命题来说，即不能都是真的，其中必有一个“不当”，即必有一个是假的。不像狗和犬的那种情况。

【校注】①彼：[注] 辩论的对象。[校]《道藏》本作“攸”。王讚源校“攸”为“仮”，认为“攸”“彼”均为“仮”之误。②当：[注] 真，合于事实。③或：[注] 有人。④不若当犬：[注] 不像“狗是犬”的例子。《经下》(154)：“狗，犬也。”《经说上》(87)：“二名一实，重同也。”

【概论】辩论是围绕是非所进行的争论，其中辩论中的获胜方一定是所持观点正确的一方。

76.《經上》(76)：訛①，窮知②而縣於欲③也。

《經説上》(76)：[訛] 欲飲④其鳩⑤，智不知其害，是智之罪也。若智之慎之⑥也，無遺於其害也。而猶欲飲⑦之，則離⑧之是猶食脯也。騷之利害，未知也。欲而騷，是不以所疑止所欲也。廧外之利害，未可知也。趨之而得刀⑨，則弗趨也，是以所疑止所欲也。觀爲窮智而縣於欲之理，飲⑩脯而非愳也，飲⑪鳩而非愚也，所爲與所不爲⑫相疑也，非謀也。

【译文】犯错误，是由于知识不够而为欲望所支配的结果。某人想喝毒酒，理性不知道其害处则是理智的罪过。如果理智上很慎重，并没有忽视其害处，而还是想喝毒酒，则他喝毒酒就像吃肉干一样。搔马的利害，某人事先并不知道。他想去搔马，这是不以在理智上所持的怀疑来制止想搔马的欲望。某人对到墙外去的利害在事前并不知道，即使去了捡到钱也不去，这是以在理智上所持有的怀疑来制止他想捡到钱的欲望。考察“讹，穷知而悬于欲”的道理，吃肉干不是由于理智的聪明，吸吮手指头并不是由于理智上的愚蠢。这样做与不这样做都只是在理智上对自己行为的利害有些怀疑，还谈不上深刻的智谋。

【校注】①讹：[校]《道藏》本作“为”。[注]犯错误。下同。②穷知：[注]知识有穷。③傒于欲：[注]被欲望所支配。傒：[注]通“悬”。④⑦⑩⑪饮：[校]《道藏》本作“齇”，从高亨校改。王闿运校为“食”，孙诒让校为“斫”，可参考。⑤鸠：[校]《道藏》本作“指”，从高亨校改。下同。⑥之：[校]《道藏》本作“文”，从孙诒让校改。⑧离：[注]同“罹”，遇、遭。《玉篇》：“离，遇也。”⑨刀：[校]《道藏》本作“力”，从孙诒让校改。⑫所为与所不为：[校]《道藏》本作“所为与不所与为”，从张惠言校改。

【概论】阐述人虽然有认知能力但由于被欲望所操纵之后来做某种事情，由于缺乏意志力的控制作用而并不是大智慧。

77.《經上》（77）：已[①]，成、亡。

《經説上》（77）：[已[②]]爲衣，成也。治病，亡也。

【译文】已，包括成、亡两种。例如做衣服，衣服做好了是完成。又如治病，痊愈了，是病亡。

【校注】①已：[注]已经。《玉篇》：“已，毕也。”《经说上》（33）：“自后曰已。”《经说下》（151）：“且已必已。”《经说下》（161）：“已然则尝然。”②已：[校]《道藏》本作“己”，现改正。

【概论】阐述两种不同的完成情况。

78.《經上》（78）：使[①]，謂、故。

《經説上》（78）：[使]令謂，謂也[②]，不必成。濕，故[③]也，必待所爲之成也[④]。

【译文】使令，可分令谓和缘故两种。令谓，是告诉要如此做，但未必就能做成。地湿，是有原因的，一定要有原因才会有结果。

【校注】①使:[注] 令，致使。《说文》:“使，令也。”《广雅·释诂》:“令，使也。”②谓:[注] 指称。《广雅·释言》:“谓，指也，指而告之。”③故:[注] 原因。《说文》:“故，使为之也。”④所为:[注] 原因。成:[注] 结果。

【概论】阐述两种不同的模态，即表示祈使句的主观模态和表示具有因果性的客观模态。

79.《經上》(79)：名，達、類、私。

《經説上》(79)：[名] 物，達也，有實必待之名[①]也命之。馬，類也，若實也者，必以是名也命之。臧，私也，是名也，止於是實也。聲出口，俱有名，若姓字[②]儷[③]。

【译文】名，分为达名、类名和私名。物是达名，存在这样的实必定要有相应的概念来表达它。马是类名，如此的实也必定有这样的概念来表达它。臧是私名，这样的名只能表达这样的实。声音从口中说出来，都是表达了某种概念的，就像一个人的姓和他的字是紧跟在一起那样。

【校注】①之名:[校]《道藏》本作“文多”，从孙诒让校改。②字:[校]《道藏》本作“宇”，从毕沅、张惠言校改。③俪:[校]《道藏》本作“洒”，从曹耀湘、梁启超校改。

【概论】从外延上阐述名即概念的三种类型。关于此条《经说》的句读，从高亨。孙诒让稍有不同:“物，达也，有实必待之名也。命之马，类也，若实也者必以是名也。命之臧，私也，是名也止于是实也。声出口，俱有名，若姓字丽。”梁启超、胡适、姜宝昌从之。孙诒让认为“丽”属下读，不确。

80.《經上》(80)：謂，命[①]、舉、加。

《經説上》(80):[謂]狗[②]、犬，命也。狗犬，舉也。叱[③]狗，加也。

【译文】称谓，分为命名、表达和附加。称谓某狗为某犬，这是命名之谓。

用犬所具有的性质来称谓某狗，这是举实之谓。叱骂某狗，这是附加之谓。

【校注】①命:［校］《道藏》本作“移”，盖涉上条“私”字而误，从梁启超、高亨校改。［注］姜宝昌认为“移”通“迻”，转移、迁移，也可通。②狗:［注］未成豪之犬也。③叱:［注］呵斥、叱骂。《说文》:“叱，诃也。”《礼记·曲礼上》:“尊客之前不叱狗。”

【概论】进一步阐述上条中“声出口，俱有名”的情况，指出了称谓除了具有表达作用外，还有命名和附加的作用。

81.《經上》(81)：知，聞[①]、説、親、名、實、合、爲。

《經説上》(81):［知］傳受之，聞也。方不障[②]，説也。身觀[③]焉，親也。所以謂，名也。所謂，實也。名實耦，合也。志行，爲也。

【译文】知识，有闻知、说知、亲知、名知、实知、合知和为知。闻知，是通过传授得来的知识。说知，是不受时空限制而得来的推理知识。亲知，是通过亲身观察而得到的知识。名，是用来称谓实的名称。实，是被名称所称谓的事物对象。合知，是名和实相符合的知识。为知，是有意志有目的的实践之知。

【校注】①闻:［校］《道藏》本作“间”，现改正。②障:［校］《道藏》本作“庫”，从毕沅校改。方:［注］地方、地域。③观:［注］观察。《说文》:“观，谛视也。”谛：审察。

【概论】阐述知识的来源和知识的种类。

82.《經上》(82)：聞[①]，傳[②]、親。

《經説上》(82)：［聞］或告之[③]，傳也。身觀焉，親[④]也。

【译文】闻，分为传闻和亲闻。传闻，是有人传某人的话而告诉我知道。亲闻，是我亲自听到某人说的话。

【校注】①闻:［注］闻知是经他人传播而得来的知识。②传:［校］《道藏》

本作“愽”，从毕沅校改。③或：［注］有人。告：［注］转告。④亲：［注］这里指亲自听到的事情。

【概论】进一步解释知识来源之“闻知”。即使是从别人那里得来的知识，也还分为通过他人转告的知识和自己直接听到的知识。事情一旦通过他人传播，往往就会生出种种变化。

83.《經上》（83）：見[①]，體、盡。

《經説上》（83）：［見］特[②]者，體也。二[③]者，盡也。

【译文】见，分为部分之见和整体之见。特见，是部分之见。二见，是整体之见。

【校注】①见：［注］看见、所见。《说文》：“见，从儿从目。”②特：［校］《道藏》本作“时（時）”，“特”形近误为“时”，从孙诒让校改。［注］特即体，部分。特见，即体见，部分之见。③二：［注］即尽即兼，指整体、全部。尽见即整体之见，全部之见。

【概论】进一步解释知识来源之“亲知”。墨家亲知与闻知并重，世间万物，欲得而知之，非亲知即闻知，闻知有传闻和亲闻之分，所以，亲知也有体见和尽见之别。凡世间万物均存在既对立又统一的矛盾之两面，其一面作为另一面之对立物而存在。一面者，特也，体也；两面者，二也，尽也。在亲知的过程中，由于人们观察的角度和认知的范围受限而经常容易出现以偏概全的错误，所以，只有同时看到对立统一物之两面，才能够更全面地认识把握事物。

84.《經上》（84）：合，正[①]、宜、必。

《經説上》（84）：［合[②]］兵立反中[③]，志工正也[④]。臧之爲，宜也[⑤]。非彼必不有，必也。聖者用而勿必，必也者可勿疑。

【译文】合，分为正合、宜合和必合。士兵手持兵器而站立反中正道，动机和效果正相符合。臧的合理行为是宜合。没有彼就必然没有此，这种情况就是必合。圣人用事不轻易下必然判断，必然性的东西可以不用怀疑。

【校注】①正：[校]《道藏》本作“缶”，现改正。②合：[校]《道藏》本作“古”。③兵立反中：[注] 士兵手持兵器而站立反中正道，从姜宝昌说。李渔叔、王讚源以“兵立反”为“合”字的拼音。高亨改“兵立反中”为“矢至侯中”。④志：[注]动机。工：[注]通“功”，效果，从孙诒让说。⑤臧之为，宜也：[注] 善行合乎义，义者宜也。《尔雅• 释诂》：“臧，善也。”

【概论】进一步解释知识种类之“合知”的具体情况。讨论理论真理的三种情形。

85.《經上》（85）：欲正[①]權利，且惡正[②]權害。

《經説上》（85）：权[③]者兩而勿偏。

【译文】对于希望得到的，需要权衡好处；而且对于不希望得到的，需要权衡坏处。权衡好处还是坏处需要全面考虑而不要偏颇。

【校注】①②正：[校]《道藏》本作“缶”，从毕沅校改。③权：[校]《道藏》本作“仗”，从孙诒让校改。

【概论】进一步解释“正合”的内涵。

86.《經上》（86）：爲，存、亡、易、蕩、治、化。

《經説上》(86)：[爲]甲臺[①]，存也。病，亡也。買鬻，易也。霄盡，蕩也。順長，治也。蛙鼠[②]，化也。

【译文】作为，分为存、亡、易、荡、治、化。存，如制铠甲、筑城台。亡，如治病除去病根。易，如买进卖出。荡，如扫荡寇仇的行为。治，如顺应庄稼生长的规律来耕作，是治理农事的行为。化，如青蛙变鹌鹑，田鼠变鹌鹑，是生物在根本特征上的变化。

【校注】①甲：[校]《道藏》本作“早”，从孙诒让校改。台：[注] 城台。②蛙鼠：[校]《道藏》本作“鼃（wā）买（買）”，从孙诒让校改。《列子•天瑞》：“田鼠之为鹑也。”

【概论】进一步解释知识种类之“为知”的具体情况。

87.《經上》（87）：同，重、體、合、類。

《經説上》（87）：[同]二名一實[①]，重同也。不外於兼[②]，體同也。俱處於室[③]，合同也。有以同[④]，類同也。

【译文】同，有重同、体（部分）同、合同、类同四种情况。两个名称指谓同一个事物的同叫重同。两个部分包含在一个整体之内叫体同。两个个体处于相同的处所叫合同。两个不同的东西却有类似之处叫类同。

【校注】①二名一实：[注] 两个名称指着同一个对象。《经下》（140）：“知狗而自谓不知犬，过也，说在重。”②不外于兼：[注] 不存在于一个整体之外。③俱处于室：[注] 都在一个处所当中。④有以同：[注] 有所同，从王念孙、周文英说。

【概论】与知识的种类之“合知”相联系，阐述四种不同的“同”。

88.《經上》（88）：异，二、不[①]體、不合、不類。

《經説上》（88）：[异]二必异[②]，二也。不連屬[③]，不體也。不同所，不合也。不有同，不類也。[④]

【译文】异，有二之异、不体之异、不合之异和不类之异。两个事物必定相异，叫二之异。某个整体的部分与另一个整体的部分之间的差异，叫不体之异。两个事物处所不同，叫不合之异。两个事物没有相同点，叫不类之异。

【校注】①不：[校]《道藏》本无此字，从孙诒让校增。②二必异：[注] 任何两个东西都必然有所差异。③不连属：[注] 不属于一个整体中的两个部分之间的关系。④不有同：[注] 没有相同点。类：[注] 相似、相像。

【概论】与知识的种类之"合知"相联系，阐述四种不同的"异"。

89.《經上》(89)：同异交得，放[①]有無。

《經説上》(89)：[同异交得] 於福[②]家良恕[③]，有無也。比度，多少也。蛇蚓旋圓[④]，去就也。鳥折用桐，堅柔也。劍猶甲[⑤]，死生也。處室子，子母，長少也。兩色交[⑥]勝，白黑也。中央，旁也。論行、行行、學實，是非也。鷄宿[⑦]，成未也。兄弟，俱適也。身處志往，存亡也。霍[⑧]，爲姓故也。賈[⑨]宜，貴賤也。

【译文】同和异是具有相互渗透、相反相存的关系，比方有和无之间的关系。一个人家财万贯，却学识贫乏，或学识渊博，却穷困潦倒，这是"有富家"和"无良知"，或"有良知"和"无富家"，两者一有一无，是"有无"两种性质共存于一人之身。一个数，在与不同的数比较、度量时，既多又少。蛇和蚯蚓的蠕动，既离开又接近。鸟儿筑巢，折取梧桐树枝，既坚实又柔软。剑的作用，在消灭敌人，但消灭敌人的目的是保存自己。剑具有与保护生命的铠甲相同的作用。一妇女，对女儿来说是母亲，对母亲来说是女儿，既长一辈又少一辈。一个物体的颜色，比甲物淡比乙物浓，是既白又黑。一个圆的圆心，可看作另一个圆的圆周上的点，既是中央又是旁边。一个人的言论和行动、行动和行动、学问和实际之间，既有是又有非。母鸡孵雏，在小鸡将出壳，又未出壳时，既成又未成。在兄弟间排行老二，既是兄又是弟，说兄或弟都合适。一个人身处此地，心志却跑往别处，是既存且亡。"霍"这个字，可指一动物鹤，也可指姓霍的人。一个合适的价格，对卖方已经够贵了，但对买方来说却是够贱，这就是既贵且贱。

【校注】①放：[注]通"仿"。《法仪》："放依以从事。""放"即访。《说文》："仿，相似也。"②福：[注] 通"富"。③恕：[校]《道藏》本作"恕"，从孙诒让校改。④蛇蚓旋圆：[校]《道藏》本作"免蚓还园"，从孙诒让校改。⑤犹甲：[校]《道藏》本作“尤早”，从孙诒让校改。⑥色交：[校]《道藏》本作“绝”，从高亨校改。⑦鸡：[校]《道藏》本作“难”，从高亨校改。鸡宿：[注]鸡孵卵。⑧霍：[注]通“鹤”。⑨贾：[注]通“价”。

【概论】与知识的种类之“合知”相联系，阐述同和异之间的辩证关系。

90.《經上》(90)：聞，耳之聰[①]也。

【译文】听到某种声音信息，这是人的耳朵所具有的功能。

【校注】①耳之聪：人皆有耳，但耳聋者不能闻，耳聪者乃能闻。

【概论】进一步解释知识来源之一闻知的认识器官耳。

91.《經上》(91)：循所聞而得其意，心之察[①]也。

【译文】人通过所听到的声音信息而获得其中的思想，这是思维器官的审明作用。

【校注】①心之察：[注]心不察虽有所闻，仍无所知。之：《道藏》本作“也”，据毕沅校改。

【概论】进一步解释知识来源之一闻知的思维器官。高亨认为第91条应为对第90条的“说”。

92.《經上》(92)：言，口之利[①]也。

【译文】说话，是人的口所具有的功能。

【校注】①口之利：[注]人皆有口，但口哑者不能说话，口利者才能说话。

【概论】语言是人的口的一种功能。

93.《經上》(93)：執所言而意得見，心之辯[①]也。

【译文】人们通过说话就可以把自己的思想表达出来，这是思维器官的辨察作用。

【校注】①辩：[注] 通“辨”。

【概论】语言是表达思想的重要媒介。高亨认为第93条应为对第92条的“说”。

94.《經上》（94）：諾[①]，不一、利用。

《經説上》(94)：[諾]超城員止[②]也。相從、相去、先知、是、可。五色、長短、前後、輕重，援。

【译文】表示应答的诺，有各种不同的方式和用法，其目的在于便利交流和交际。应答的作用可以超出地域的限制而发挥作用。相从（根据已知知识跟随做结论）、相去（从提供的所有可能性中排除其他的可能性）、先知（断定先前已知）、是（确定断定个体）、可（对所提出的问题做肯定回答），是五种常用的问答方式。五色、长短、前后、轻重，是讨论问题时经常被援引的素材。

【校注】①诺：[注]答应，同意，这里指讨论科学知识时应用的问答法。《说文》：“诺，应也。”②超城员止：[注] 论诺之公，超出地域的限制。员：[注] 具有地区之义，幅员。止：[注] 阻止，从王讚源说。

【概论】阐述知识（闻知）获得过程中的五种应答方式。

95.《經上》（95）：服[①]，執説[②]。

《經説上》（95）：[服[③]] 執難。成言[④]務成之。九[⑤]則求執之。

【译文】一个“辞”，通过“说”揭示了其理由、根据，就能说服别人。在辩论中把握对方的言论，是困难的事情。对方正确的言论，须务求促成它。对于对方诡辩的言论，须务求制止它。

【校注】①服：[注] 服人。②执说：[校]《道藏》本作“执說，音利”，据沈有鼎从朗兆玉本校改。说：[注] 推论。[校] 高亨据孙诒让把“音”校改为"言"，认为"詭言"即邪言，可参考。③服：[校]《道藏》原误置"执"字下，据高亨校改为标牒字。④成言：[注]正确的言论，从高亨说。⑤九：[注]通"宄"，诡，纠纷，乱。从高亨说。《释名•释言语》："宄，诡也。诡易常正也。"诡言即邪言，倪言，奸言，诡辩的言辞。

【概论】阐述论证的说服力问题，认为言语必须具有论证性，才能具有说服力。

96.《經上》（96）：巧轉[①]則求其故。

【译文】当发现对方在思想上存在思想转换时，则需要追问对方的理由或原因。

【校注】①巧转：[注] 思想转换。《经说上》（10）："所为善名，巧也，若为盗。"张纯一、沈有鼎、孙中原将"转"校改为"传"，解释为代代相传的手工业技巧、技术，可参考。

【概论】阐述言语交际过程中特别要注意思想转换的情况。

97.《經上》（97）：法同則觀其同。

《經説上》（97）：[法] 法取同，觀巧轉[①]。

【译文】如果推论所根据的标准或法则相同，则需要观察其相同点。如果根据相同的标准或法则来进行推论，就需要注意是否有思想转变的情况。

【校注】①转：[校]《道藏》本作"传"，从高亨校改。巧：[注]《说文》曰"巧诈"，"巧，技也"。《广韵》："巧，伪也。"

【概论】阐述在言语交际过程中，必须注意其中的核心概念或思想的内涵或外延的确定性。

98.《經上》（98）：法异則觀其宜[①]。

《經説上》(98)：[法] 取此擇彼，問故[②]觀宜[③]。“以人之有黑者有不黑者也，止黑人”，與“以有愛於人有不愛於人，止[④]愛人”，是孰宜？

【译文】如果所应该依据的标准或法则不同，则需要考察应用什么样的标准或法则来进行推论才是合适的。选取这个标准或者那个标准，都必须问明原因或理由并且看适当不适当。比如，用“有些人是黑色的并且有些人不是黑色的”这个情况，去反驳“所有人都是黑色的”，与用“有些人被人爱并且有些人不被人爱”这个情况，去反驳“应该爱所有的人（即兼爱）”，究竟哪一种情况是对的呢？

【校注】①法:[注] 法则、规律、规则。宜:[注] 合适、适宜。②问故:[注] 检查前提。③观宜:[注] 观察是否适宜。④止:[校]《道藏》本作“心”，从张惠言校改。[注] 驳斥、反驳。

【概论】阐述对于性质根本不同的命题的反驳，必须根据不同的法或者理来进行分析。比如，用事实命题可以反驳事实命题，但用事实命题却不能反驳具有政治伦理性的价值命题。

99.《經上》(99)：止[①]，因以别道[②]。

《經説上》(99)：[止[③]] 彼舉然者，以爲[④]此其然也，則舉不然者而問[⑤]之。若聖人有非而不非[⑥]。

【译文】止，是用来驳斥作为全称命题的道或理的推论。对方通过列举一些事物情况是这样的（正面事例），就想当然地推出这一类事物情况都是这样的全称命题，这时我方就可以通过列举不是这样的事物情况（反面事例）来质疑对方。例如，对方通过列举一些圣人不批评别人的错误的事例，就得出结论说：“所有圣人都不批评别人的错误。”这时我方就可以通过列举另外一些圣人批评别人的错误的事例来质疑对方。

【校注】①止:[注]静止、停止、反驳。②因以:[注]用来。别:[注]区别，限制。道:[注]全称判断。③止:[校]《道藏》本作“心”。④以为:[注]想当然、臆想、臆测。《经下》说:“以楹为抟，于以为无知也。”⑤问:[注]问难、反驳。⑥若:[注]例如。圣人有非而不非:[注]所有圣人都不指斥他人之非，即所有圣人都是虽见他人有非但却不揭露其非。《论语•子路》载，孔子说:“父为子隐，子为父隐，直在其中矣。”《春秋公羊传•闵公元年》:“为尊者讳，为亲者讳，为贤者讳。”

【概论】阐述上条中谈到的“止”这样一种反驳全称命题的反驳方式。即当对方通过运用简单枚举归纳推理得出全称结论时，我方就可以列举反面事例来加以反驳，因为对方的推理过程是很不充分的，往往存在着以偏概全的错误。这种反驳方式可以达到辩明一般性的道或理的目的。

100.《經上》(100):正[①]，無非。

《經説上》(100):[正]五諾，皆人於知。有説，過五諾，若員無直[②]。無説，用五諾，若自然矣。

【译文】正确的科学论证，应该排除其中错误的部分。五种问答方式，是人们在把握科学论题时都必须知晓的。假如论题还需要证明，那么可以通过五种问答方式，就像圆周上的任何三点都不在一条直线上这个定理的证明，就是这样。假如论题不需要证明，那么用五种问答方式中的一种，就像是很自明的一样。

【校注】①正:[校]《道藏》本作“缶”。《说文》:“正，是也。”②员:[注]通“圆”。《经说上》(71):“意、规、员，三也，俱可以为法。”员无直:[注]一圆周上的任何三点都不在一条直线上。相当于平面几何定理:一直线与一圆的公共点不能多于两个。《经上》(58):“直，参也。”直线上的三点中有一点，恰好介于另外两点之间。[校]孙诒让将“员”改成“负”，不确。

【概论】阐述正确合理的论证离不开对五种问答方法的应用。

第二章 《经下》《经说下》译注

导语：本部分主要阐述重要命题和思想。第一条阐述反驳（止）的重要方法，并在许多条目中针对各种不成立的命题进行了驳斥，强调类同类异原则在推论中的重要性。本部分涉及逻辑学、光学、物理学、力学、经济学、法学、伦理学、政治学等学科领域的思想和理论。

101.《經下》（101）：止，類以行之①，説在同。

《經説下》（101）：［止］彼以此其然也②，説是其然也③。我以此其不然也，疑④是其然也。

【译文】 反驳应该根据“类”的原则来进行，理由在于“同类”可以相推。对方通过指出这一类事物情况都是这样，必然性地推导出某一个具体事物情况是这样。这时我方就可以通过指出这一类事物情况并非都是这样，从而怀疑对方的结论。

【校注】 ①之：［校］《道藏》本作“人”，形似而误，从孙诒让校改。类以行之：［注］根据类的原则进行反驳。《大取》：“辞以类行者也，立辞而不明于其类，则必困矣。”《经下》（165）：“一法者之相与也尽类。”《小取》：“以类取，以类予。”②彼以此其然也：［注］对方认为这一类事物是这样。彼：［注］辩论对方。③说是其然也：［注］证明这一事物是这样。说：［注］推论。④疑：［注］质疑、反驳。

【概论】 当对方推论的大前提（故）存在问题时，我方可以通过否定其大前提（不同类）来怀疑对方的结论。

102.《經下》(102)：推類之難，説在之大小、物盡[1]、同名、二與鬥、愛、食與招、白與視、麗與暴[2]、夫與履[3]。

《經説下》(102)：謂四足，獸與[4]？并[5]鳥與？物盡與？大小也。此然是必然，則俱爲麋，同名。俱鬥不俱二，二與鬥也[6]。包肝肺子，愛也。掘[7]茅，食與招也。白馬多白，視馬不多視，白與視也。爲麗不必麗，为暴必暴[8]，麗與暴也。爲非以人，是不爲非，若爲夫勇不爲夫；爲屨以買衣，爲屨，夫與屨也。

【译文】推类的困难，理由可以列举大小、物尽、同名、二与斗、爱、食与招、白与视、丽与暴、夫与履。比如说到四足，能够断定就是兽吗？还是两只鸟相并而立？甚至说万物都是如此？这就涉及四足范围的大小问题。如果说这类事物是这样，就说事物全都是这样，则可以说所有事物都是麋，这就是同名（同类）问题。甲与乙斗殴（关系命题），则甲与乙二人俱在斗殴，但不能说甲与乙俱是二人。肝肺本是内脏器官，但可以引申来指对儿子的爱（一词多义）。一个人在挖掘茅草，可能他是为了食用，但也可能是为了用来招神祭祀。说白马是因为马身上白的地方多，但视马却并不需要视马视得多。人为地想美丽不一定真的美丽，但人为地残暴却一定就是残暴。因为别人而犯错误，不等于自己主观上就想犯错误，就像表现出武夫之勇不等于就是做了武夫。但是做鞋子以用来交换衣服，却就是做鞋子。

【校注】①大小、物尽：[校]《道藏》本中，“大小”与“物尽”原为第143条“五行毋常胜”所隔断，据《经说》“物尽与大小也”的文义，“大小”与“物尽”应该连续，而不应该分成两条。因此，《经》文“大小”与“物尽”应该连续，合并为一条，《经说》“则俱”与“为麋”也应该连续，释义可豁然开朗。从沈有鼎校改。②暴：[校]《道藏》本无此字，从顾广圻校增。③屦：[校]《道藏》本作“履”，从孙中原据《经说》校改。④与：[注]通“欤”。下同。《玉篇》:"欤，语末辞，古通作与。"⑤并:[校]《道藏》本作"生"，从沈有鼎校改。⑥二:[校]《道藏》本作"三"，从顾广圻校改。斗:[注]《道藏》本作"鬪"，为"斗(鬥)"的异体字。⑦掘:[校]《道藏》本作"橘"，从高亨校改。⑧为暴必暴:[校]《道藏》本作"不必"，从沈有鼎校改。

【概论】阐述推类的困难之处在于:事物情况并非所有都是这样，而是有些不是这样，即事物情况往往存在着反例(不同类)。

103.《經下》(103):一，偏弃之[①]。

《經説下》(103):[一]一[②]，與一，亡[③];不與一，在，偏去。

【译文】一，可以是去掉的一部分。去掉的那部分，如果和原来存在的那部分相结合为一个整体，则去掉的那部分就没有了。去掉的那部分，如果不和原来存在的部分相结合，则去掉的那部分还存在，理由在于它是去掉的那部分。

【校注】①偏:[注]部分。偏弃:[注]偏去。《经上》(46):"损，偏去也。"《经说上》(46):"偏也者，兼之体也。"《经下》(105):"不可偏去而二。"《经下》(108):"偏去莫加少。"②[一]一:[校]《道藏》本中，标牒字"[一]"与非标牒字"一"误合为"二"，从梁启超校改。③亡:[注]无。

【概论】前两条主要说"类同"的情况，此条进一步阐述"体同"的情况。

104.《經下》(104):謂[①]而固是也，説在因。

《經説下》(104):[谓[②]]有之[③]實也，而後謂之。無之[④]實也，則無謂也。不若敷與美[⑤]。謂是，則是固美也;謂也，則是非美無謂，則叚[⑥]也。

【译文】用来称谓的名必须要反映事物的本质属性，理由在于称谓要随事物的实际情况而变化。首先要有相应的实，然后才有名来称谓它。没有相应的实，就不会有名来称谓。不像皮肤与美丽之间的关系那样（美丽并非皮肤的本质属性）来进行称谓。因此，称谓某种东西美，是因为这东西本来就美；称谓某种东西美，如果这种东西并不美，则不能这样称谓它，因此对它的称谓就是假的。

【校注】①谓：[注] 称谓，陈述，判断。②谓：[校]《道藏》本作“未”，现改正。③④之：[校]《道藏》本作“文”，形似而误，从孙诒让校改。孙诒让说：“‘文’并当为‘之’，‘之’犹‘此’也。”王讚源校“文”为“其”，古“亓”字，可参考。⑤敷：[注] 借为“肤”，从吴毓江说。[校] 沈有鼎、孙中原校“敷”为“假”，不确。与：[校] 沈有鼎、孙中原校改为“举”，不确。⑥叚：[校]《道藏》本作“报”，据沈有鼎、李渔叔校改。[注] 假。

【概论】同类事物有其共同的本质属性。这种共同的本质属性决定了指称它们的名的涵义。

105.《經下》(105)：不可偏去①而二，説在見與俱、一與二、廣與修②。

《經説下》(105)：見不見離，一二不相盈，廣修③、堅白相盈④。

【译文】不可去掉其中一个部分的整体，比如见与俱、一与二、宽与长。见与不见互相分离，一与二不相互渗透，但宽与长、坚与白是互相渗透的。

【校注】①偏去：[注] 从一个整体中去掉一部分。②③修：[校]《道藏》本作“循”。[注] 长。广：[注] 宽。④相盈：[校]《道藏》本无此二字，从沈有鼎校增。[注] 互相渗透。《经上》(66)：“盈，莫不有也。”

【概论】阐述整体离不开部分的思想。反对公孙龙关于坚白相离的思想。《公孙龙子·坚白论》：“得其白，得其坚，见与不见离。一二不相盈，故离。离也者，藏也。”当看见白色的时候坚性藏起来了，当摸到坚性的时候白色藏起来了，看见的白色和看不见的坚性是互相分离的，摸到的坚性和摸不到的白色也是互相分离的。“一”（石头）和“二”（坚白）二性之间并不是互相充盈的，而是互相分离的，也就是互相藏起来了。

106.《經下》(106)：不能而不害，説在容[①]。

《經説下》(106)：[不[②]]舉重不舉[③]箴[④]，非力之任也。爲握者[⑤]之觭倍[⑥]，非智之任也。若耳目。

【译文】人有所不能但没有妨碍他所能，就像人的面部器官各有其所能也有其所不能。能举起重物却不能举起一根绣花针，这并不是力量上的事情。能猜中人手握着的奇偶数目，并不是智力方面的原因。就像耳朵能听不能看，而眼睛能看不能听。

【校注】①容:[注]人的面部器官。[校]《道藏》本作“害”，疑因形似而涉上句而误，从谭戒甫说。②不:[校]标牒字，原窜入“举”字下，据梁启超乙正。③举:[校]《道藏》本作“与”，从毕沅校改。④箴:[注]通“针”。《集韵》:“针，或作箴，亦作针。”⑤为握者:[注]古代握算筹计算的数学家。⑥觭倍:[校]《道藏》本作“颁倍”，从孙诒让校改。[注]奇偶，谈话与辩论。《经上》(61):“倍，为二也。”奇者，奇为一，倍为二。《庄子·天下》:“觭偶不仵。”成玄英疏:“独唱曰奇，对辩曰偶。”

【概论】事物各有其不同的功能或作用。

107.《經下》(107)：异類不吡[①]，説在量[②]。

《經説下》(107):[异]木與夜孰長？智與粟孰多？爵、親、行、賈[③]四者孰貴？麋與霍[④]孰高？蚓與瑟孰瑟？[⑤]

【译文】异类的事物之间不能进行类比，理由在于它们的量度不同。例如，木头与夜晚哪一个更长？智慧与粮食哪一个更多？高贵的爵位、贵重的亲属、高贵的品行、很贵的价格，四者中哪一个更贵？在地上奔跑的麋鹿和在天上飞行的鹤哪一个更高？蚯蚓的叫声与琴瑟的和声哪一个的声音更好听？

【校注】①异类不吡:[注]事物不同类不能进行比较。吡:[注]“比”的繁文。②说在量:[注]理由在于衡量的标准不同。③贾:[注]同“价”。④霍:

[注] 通“鹤”。⑤蚓與瑟孰瑟：[注] 蚯蚓的叫声与琴瑟的和声哪一个的声音更好听？蚓：[校]《道藏》本作“蚓”，从孙诒让校改。《经说上》(89)“免蚓还园”。高亨校“蚓”为“蝉”，校“瑟”为“悲”，亦通。[校]《道藏》本中，句前有“麋与霍孰霍”，为涉上文而衍，当从孙诒让校删。

【概论】阐述异类的事物何以不能类比。因为异类事物之间缺乏紧密相关性。

108.《經下》(108)：偏去莫加少[①]，説在故。

《經説下》(108)：[偏] 俱一[②]、無變。

【译文】去掉一部分以后作为整体的数量并没有减少，原因在于整体的数量还是原来的。整体作为量上是减少了，但整体作为数量还是原来的，并没有变化。

【校注】①加少：[注] 更少。加：副词。②一：[注] 整体。

【概论】阐述量与数量的关系。

109.《經下》(109)：假[①]必悖[②]，説在不然。

《經説下》(109)：[假] 假必非也而後假。狗假霍也[③]，猶氏霍也？

【译文】虚假判断必然有悖谬之处，因为实际情况并不是这样。假的判断必然具有可反对之处然后才会是假的。比如一条狗假装成鹤，犹如一个人姓鹤但并不等于就是与鹤一样。

【校注】①假：[注] 非真。《说文》：“假，非真也。”高亨、吴毓江解释“假”为“假设”，可参考。②悖：[注] 悖谬。《玉篇》：“悖，逆也。”③假：[注] 借也。霍：[注] 通“鹤”。

【概论】定义什么是虚假。

110.《經下》(110)：物之所以然[①]，與所以知之，與所以使人知之，不必同，説在病[②]。

《經説下》(110)：[物] 或傷之，然也。見之，知[③]也。告[④]之，使知也。

【译文】事物何以是这样的，与我们何以知道事物是这样的，与我们何以使得别人也知道事物是这样的，不一定相同，可以用生病的情况来进行说明。有人受到伤害，这是他生病的原因。看见有人被伤害，是知道他被伤害的理由。将他被伤害的事情告诉别人，则是使得别人也知道事情的真相。

【校注】①物之所以然：[注] 造成某事物是这样的原因。②说在病：[注] 比如生病的原因是多方面的。《公孟》："人之得于病者多方，有得之寒暑，有得之劳苦。"③知：[校]《道藏》本作"智"，据《经》改正。下同。④告：[校]《道藏》本作"吉"，从王引之校改。

【概论】阐述客观事实、主观的亲知和主观的闻知三者的差异。

111.《經下》(111)：疑，説在逢、循[①]、遇、過。

《經説下》(111)：[疑] 逢爲務則士[②]，爲牛廬[③]者夏寒[④]，逢[⑤]也。擧之則輕，廢[⑥]之則重，若石羽[⑦]，非有力也。沛[⑧]從削，非巧也，循[⑨]也。鬥[⑩]者之敝也以飲酒，若以日中[⑪]，是不可智也，遇[⑫]也。智與[⑬]？以已爲然也與[⑭]？過[⑮]也。

【译文】通常要进行质疑的四种情况是逢、循、遇、过。见到做事勤敏的人就认为他是知识人；见到有人建牛圈，就认为是为了在夏天让牛乘凉，这就叫逢疑。举起来像羽毛一样轻，放下去像石头一样重，这并不是因为用力的结果；刨削木头，木屑随之散落，这并不是木工有超人的技巧，而是因为顺势而为，这就叫循疑。斗殴者的弊端，是因为饮酒，还是因为市场买卖起冲突呢？这是一时难以确知的，这就叫遇疑。是真的知道呢？还是以为过去如此、现在也该如此呢？这就是过疑。

【校注】①循:［注］遵循，因循。《说文》:“循，行顺也。”②逢:［校］《道藏》本作“蓬”，依《经》校改。［注］偶尔遇见，碰到。为务:［注］做事勤敏。《说文》:“务，趣也。”谓敏于事。③牛庐:［注］牛舍，牛圈，牛棚。④夏寒:［注］夏天乘凉。⑤逢:［校］《道藏》本作“蓬”，依《经》校改。⑥废:［注］放置。《小尔雅·广言》:“废，置也。”⑦若石羽:［校］《道藏》本中，此三字误置于“非巧也”之后，据谭戒甫校乙。《管子·白心》:“其重如石，其轻如羽。”⑧沛(fèi):［注］指削下的木片。⑨循:［注］《道藏》本作“楯”，为“循”的异体字。⑩斗:［注］《道藏》本作“鬪”，为“斗（鬥）”的异体字。⑪若:［注］或。日中:［校］《道藏》本作“曰中”。［注］市集。《易·系辞下》:“日中为市。”⑫遇:［校］《道藏》本作“愚”，依《经》校正。⑬⑭与:［注］同“欤”。⑮过:［校］《道藏》本作“愚”，依《经》校正。

【概论】人们在抽象概括过程中所容易犯的四种错误，即只看到现象没有看到本质的逢疑，没有看到法即工具所起的巨大作用的循疑，没有看到一果多因问题的遇疑，以过去为根据就必然地推测将来的过疑。

112.《經下》(112)：合[①]，與一[②]，或復否[③]，説在矩[④]。

【译文】符合就是与某个标准相对照，有相重合也有不相重合，比如矩形。

【校注】①合:［注］相合、会合、重合。《说文》:“合，合口也。”②一:［注］标准。③或复否:［注］或重合或不重合。复:［注］重合、叠合。④矩:［校］《道藏》本作“拒”，形似而误，从孙诒让校改。

【概论】明确“符合”这个概念的内涵。

113.《經下》(113)：歐物一體也[①]，説在俱一[②]、惟是[③]。

《經説下》(113)：［俱］俱一，若牛馬四足。惟是，當牛馬。數牛數馬則牛馬二，數牛馬則牛馬一。若數指，指五而五一。

【译文】有区分的事物统一为一个整体，理由在于可以有“俱一”和“惟是”两种把握方式。“俱一”是说一切事物每一个都是一个，如说“牛马四足”，意味着“牛四足”“马四足”。“惟是”即“仅仅这一个”，指集合所具有的整体的、唯一的、不可分配于其元素的性质，如“牛马”的集合，从元素说有“牛”和“马”两个，从集合整体上说只有“牛马”一个。再如手指分开来数有五个，即一只手“指”的元素有五个，但合起来也只有“一个”五，即“五指”的整体集合只有一个。

【校注】①欧：[注] 通“区”，区划，划分。《论语·子张》：“譬诸草木，区以别矣。”《增韵》：“区，分也。”一体：[注] 把不同的部分统一起来，合成一个整体。《经上》(2)：“体，分于兼也。”惠施：“泛爱万物，天地一体也。”(《庄子·天下》) ②俱一：[注] 构成合同的元素，具有“每一个都是一个”的性质。[校] 梁启超校“俱”为“区”，不确。③惟是：[注] 指合同这样的整体性集合，具有“仅仅这一个”的性质。

【概论】阐述合同这样的整体性集合与其元素之间的关系。构成合同的部分和构成体同的部分是不一样的。构成合同的部分是可列的、离散的个体；而构成体同的部分是不可列的、连续的部分，是不可分割的。

114.《經下》(114)：宇或徙[①]，説在長宇久。

《經説下》(114)：[長]宇徙而有處。宇南宇北[②]，在旦有在莫[③]，宇徙久。

【译文】空间区域中的运动，可以从空间和时间上的绵延来论证。空间的运动是有处所的。即在南方又在北方，在早上又在晚上，空间中的运动一定离不开时间。

【校注】①宇：[注] 空间。《经上》(41)：“宇，弥异所也。”徙：[校]《道藏》本作“从(從)”，从毕沅、孙诒让校改。或：[注] 通“域”。《经上》(50)：“动，或徙也。”《说文》：“或，或从土作域。”②宇南宇北：[校]《道藏》本作“宇宇南北”，从高亨校改。③旦：[校]《道藏》本作“且”，从王引之、孙诒让校改。有：[注]通“又”。莫：[注]通“暮”，夜晚。

【概论】阐述物质运动与时间和空间的关系。

115.《經下》（115）：不堅白[①]，說在無久與宇。

【译文】坚持不坚白相盈的观点，他们的理由在于主张没有时间或者没有空间的运动。

【校注】①不坚白：[注]坚白不相盈。[校]《道藏》本中，“不”字上窜入“鉴团，景一小一大”，从谭戒甫移至《经下》第125条。《公孙龙子·坚白论》：“视不得其所坚而得其所白者，无坚也；拊不得其所白而得其所坚者，无白也。”

【概论】运用上一条所阐述的物质运动和时间与空间之间存在密切联系的观点，揭露离坚白的观点的错误在于割裂了物质运动与时间和空间之间的联系。

116.《經下》（116）：堅白，說在因[①]。

《經說下》（116）：無[②]堅得白，必相盈[③]也。

【译文】坚白互相充盈，理由在于二者相互依赖。当我们用手触摸到石头的坚性时，同时也看到了它是白色的，坚和白两种性质必然是互相充盈的。

【校注】①因：[注]因依，寄托。《论语·学而》：“因不失其亲，亦可宗也。”朱熹集注云：“因，犹依也。”《吕氏春秋·尽数》：“因智而明之。”高诱注：“因，依也。”②无：[注]同“抚”，同音假借。③相盈：[注]相互渗透。《经上》（67）：“坚白，不相外也。”《经说上》（67）：“于石无所往而不得，得二。”《经说下》（137）：“于石一也，坚白二也，而在石。”《经说上》（68）：“坚白之撄相尽。”

【概论】阐述坚和白两种性质相互渗透、相互充盈的观点，驳斥公孙龙“离坚白”的主张。《公孙龙子·坚白论》：“无坚得白，其举也二，无白得坚，其举也二。”看不见坚性，看得到白色，加上石质，所看只能举出白色和石质二者；摸不到白色，摸得到坚性，加上石质，所摸只能举出坚性和石质二者。

117.《經下》（117）：在[①]諸其所然、未然者[②]，説在於是[③]推之。

《經説下》（117）:［在[④]］堯善治，自今在諸古也。自古在之今，則堯不能治也。

【译文】审查某件已经发生的事情和尚未发生的事情，都必须从已经发生的事情来进行推论。说尧善于治理，是从现在来考察它在古代的情况。如果是从古代的情况来考察现在的情况，则也可以说尧不能治理了。

【校注】①④在:［注］同“察”，从张惠言说。《尔雅•释诂》:“在，察也。”②然者:［校］《道藏》本作“者然”，从梁启超校乙。③是:［注］所然。

【概论】讨论问题，必须将时间和空间的因素放进去，才能看清楚事情的本来面目。接下来，要讨论的光学和力学问题，都涉及时间和空间的问题。

118.《經下》（118）：景[①]不徙[②]，説在改爲[③]。

《經説下》（118）：［景］光至景亡[④]。若在，盡古息[⑤]。

【译文】影子本身不会移动，是因为影子因光和物体的移动而连续改变。光线照到了，影子也就消失了；如果影子在，则说明光线和物体终古生息不绝。

【校注】①景:［注］同“影”，“影”的本字。②徙:［校］《道藏》本作“从(從)”，形近而误，从王引之校改。王引之:“从当为徙。”［注］王引之据《列子》训“徙”为“移”。景不徙:［注］影子本身不会移动。《列子•仲尼》:“景不移者，说在改也。”中国古代的辩者说:“飞鸟之影未尝动也。”(《庄子•天下》)③改为:［注］更换，即更换影子。《说文》:“改，更也。”④光至景亡:［注］光线照到了，影子就消失。孙诒让说:“有光则影亡，有影则光弊。”⑤尽古息:

［注］终古生息不绝。《释名·丧制》："终，尽也。"尽古，即终古。《史记·高帝本纪》："臣有息女。"张守节正义："息，生成。"［校］高亨认为"古"与"可""息"与"见"形近而误，不确。

【概论】阐述单影生成的原因。

119.《經下》(119)：景二，說在重[①]。

《經説下》(119)：［景］二光夾一光[②]，一光者景也。

【译文】一个物体生成两个影子，是因为有光线从不同角度重复照射的缘故。两个光源所造成的两个影子（半影）夹着一个影子，这被夹的影子就是本影。

【校注】①景二，说在重：［校］《道藏》本作"住景二，说在重"，"住"字为《经下》(159)之文，因旁行与此相连，应移去。［注］双影的形成是因为两道光线重复照射。景：［注］"影"的本字。②二光夹一光：［注］两个光源所造成的两个影子（半影或副影）夹着一个影子（本影）。

【概论】阐述双影生成的原因是两个不同的光源所导致。

120.《經下》(120)：景倒[①]，在午有端與景長[②]，說在端。

《經説下》(120)：［景］光之人，煦若射。[③]下者之人也高，高者之人也下。足蔽下光，故成景於上。首蔽上光，故成景於下。在遠近有端與於光[④]，故景庫內也[⑤]。

【译文】形成倒影，必须在光线的交叉点有一小孔与受影的帐幔，原因在于光线穿过小孔而形成光束。光线照到人身，如蒸发状煦然四射。人下部的影子形成于高处，人高处的影子形成于下处。脚遮住了下面的光线，所以形成的影子在上边。头遮蔽了从上面来的光线，所以形成的影子在下边。人站在适当的远处，由人身上反射的光线穿过交叉点，射入影库而形成倒影。

【校注】①倒:[校]《道藏》本作“到”，形近而误。景:[注]“影”的本字。②在午有端与景长:[注]在光线交叉处有一小孔与受影的帐幔。午:[注]交错。长:[注]借作“帐”。影帐:[注]受影的帐幔，从吴毓江说。③光之人，煦(xù)若射:[注]光线照到人身若蒸发状煦然四射。孙诒让说:“《说文》火部云:‘煦，蒸也。’又日部云:‘昫(xù)，日出温也。’盖谓如日出时之光四射也。”[校]曹耀湘改“煦”为“照”，不确。④在远近有端与于光:[注]在与人和帐幔或远或近距离适当处有一小孔，可使光线在此交穿而过。⑤库:[校]《道藏》本作“庫”。景库:[注]暗箱。内:[注]指内在影幕。

【概论】阐述倒影和小孔成像的原因。

121.《經下》(121):景迎日[①]，説在摶[②]。

《經説下》(121):[景]日之光反燭[③]人，則景在日與人之間。

【译文】人的影子迎着太阳，是因为光线被反射。当太阳的光线通过平面镜反射到人的身上时，则影子就形成于太阳和人之间。

【校注】①日:[校]《道藏》本作“曰”，现改正。景迎日:[注]影面向日。景:[注]影的本字。②抟(tuán):[校]《道藏》本作“慱”，从顾实校改。[注]反射。《说文》:“抟，圜也。”顾实说:“抟，圜转也。”孙诒让校“抟”为“转”，不确。③烛:[注]照。《玉篇》:“烛，照也。”

【概论】阐述光的反射现象的原因。

122.《經下》(122):景之小大，説在柂正、遠近[①]。

《經説下》(122):[景]木柂[②]，景短大;木正，景長小。光[③]小於木，則景大於木。非獨小也，遠近。

【译文】光源照射到物体所形成的影了有大小的不同，因为物体的斜正和光线的远近不同。木头斜放，则影子就短大。木头正放，则影子就长而且小。

光源小于木头，则影子大于木头。（反之，光源大于木头，则影子小于木头。）当光源距离木头远时，影子就小；当光源距离木头近时，影子就大。

【校注】①杝正、远近：[校]《道藏》本作“地缶、远近”。杝：[注]“迤”的假字，斜。《说文》：“迤，邪行也。”邪即斜。《广韵》：“邪，不正也。”《玉篇》：“斜，不正也。”②木杝：[注] 木头斜放。③光：[校]《道藏》本作“大”，从孙诒让校改。

【概论】阐述在光之直线传播条件下物影变化的规律。

123.《經下》（123）：臨鑒而立，景倒①。多而若少②，説在寡區③。

《經説下》（123）：[臨] 正鑒④，景多⑤寡、貌能⑥、白黑、遠近、杝正，异於光。鑒景當俱，就、去亦⑦當俱，俱用北⑧。鑒者之臭⑨，於鑒無所不鑒。景之臭無數，而必過正⑩。故同處，其體俱然，鑒分。⑪

【译文】人站立在球面镜的前面照镜子，形成倒立的像。物体大而在镜中形成的倒像则小，因为镜面是一个比较小的区域。当人正立在一个球面镜前面时，球面镜成像的大小、状貌形态、明暗程度、远或近、斜或正，都会同所照到的物体有所差异。如果在镜中成像，镜和像同时存在，则物体和像接近或离开镜面的运动也同时发生，并且物体和像的运动方向总是相反的。物体的容貌，在镜中都会有所反映。镜像的容貌多种多样，但总会失去原形。所以，物体与镜面同在一处，物体在镜面的不同部分会形成不同的像，就像物体被镜面分开了一样。

【校注】①临鉴而立：[注]人站立在镜子的前面照镜子。《尔雅・释诂》：“临，视也。”《方言》：“临，照也。”《广雅・释器》：“鉴谓之镜也。”鉴：[注] 镜子。倒：[校]《道藏》本作“到”。[注] 倒像。②多而若少：[注] 物体大而在镜中形成的倒像则小。③说在寡区：[注]因为镜面是一个比较小的区域。④正鉴：[注] 正面对着镜子。⑤多：[校]《道藏》本无此字，从孙诒让校增。⑥能：[注]

通“态（態）”。⑦亦：[校]《道藏》本作“尒”，现改正。⑧北：[注] 通“背”。⑨鉴者之臭：[注] 临镜物体的容貌。鉴：[注] 照镜子。臭：[注] 本是一种香物，因为可以用它来修饰仪容，就叫作容臭，再引申，“臭”可以代表容貌。从方孝博说。⑩过正：[注]失去原形。⑪故同处，其体俱然，鉴分：[注]因此，形体立于同一处所，光照也一样，但却形成不同的像，这就是镜子的原因。

【概论】阐述球面镜成像之理。

124.《經下》（124）：鑒洼①，景②一小而易③，一大而正④，説在中⑤之外内。

《經説下》（124）：[鑒] 中之内，鑒者近中，則所鑒大，景亦大；遠中，則所鑒小，景亦小，而必正⑥。起於中緣正而長其直也。⑦中之外，鑒者近中，則所鑒大，景亦大；遠中，則所鑒小，景亦小，而必易⑧。合於中⑨而長其直也。

【译文】凹面镜成像有两种情形：一为物体置于焦点以外，生成比物体小而倒立的实像；二为物体置于焦点以内，生成比物体大而正立的虚像。关键在于物体置于焦点以外还是焦点以内。物体置于凹面镜焦点以内：如果物体靠近焦点，则物体大，成像也大；如果物体远离焦点，则物体小，成像也小；而且无论是靠近焦点还是远离焦点，都一定生成正立虚像，因为光线从焦点出发，依循正立虚像，并向镜后延长相交而成像。物体置于凹面镜的焦点以外，如果物体靠近焦点，则物体大，成像也大；如果物体远离焦点，则物体小，成像也小；而且无论靠近还是远离焦点，都一定生成倒立实像，因为光线会合于焦点，并延长相交而成像的结果。

【校注】①洼：[校]《道藏》本作“位”，通“凹”，从张之锐说。②景：[校]《道藏》本作“影”，从王引之说。③易：[注] 倒像。④正：[校]《道藏》本作“缶”，现改正。⑤中：[注] 焦点。⑥必正：[注] 一定生成正立虚像。⑦起于中缘正而长其直也：[注] 这是因为光线从焦点出发，依循正立虚像，并向镜后延长相交而成像的结果。⑧必易：[注] 一定生成倒立实像。易：[注] 倒像。⑨中：[校]《道藏》本无此字，从王引之校增。杨保彝校增为“中缘易”。

【概论】阐述凹透镜成像之理。

125.《經下》(125)：鑒團①，景一小一大②，而必正③，説在得。

《經説下》(125)：[鑒] 鑒者近，則所鑒大，景亦大；其④遠，所鑒小，景亦小，而必正。景過正，故招。⑤

【译文】凸面镜成像有一小一大两种情况：当物体置于离镜面较远时，生成较小的正立虚像；当物体置于离镜面较近时，生成较大的正立虚像；但无论物体与镜面的距离较远还是较近，都一定生成正立的虚像，关键在于物体与镜面的距离必须得当。当物体距镜面近，镜面所受物体发射或反射光线的面积较小，生成的虚像也较大；当物体距镜面远，镜面所受物体发射或反射光线的面积较小，生成的虚像也较小；但无论物体与镜面的距离远还是近，都一定生成正立虚像。当物像从正立变为倒立时，像就会动摇恍惚看不清楚。

【校注】①鉴团：[注] 凸镜。②一小一大：[校]《道藏》本作“一天”，从高亨校改。③正：[注]《道藏》本作“缶”，现改正。④其：[校]《道藏》本作“亣”，现改正。[注] 代词，代“鉴者”。⑤景过正，故招：[注] 物像从正立变为倒立时，像就会摇动恍惚看不清楚。招：[注] 摇动，模糊不清。

【概论】此言凸透镜成像之理。

126.《經下》(126)：負①而不撓②，説在勝③。

《經説下》(126)：[負] 衡木加④重焉而不撓，極勝重也⑤。右校交繩⑥，無加焉而撓，極不勝重也。衡，加重於其一旁，必捶，權重相若也。相衡則本短標長⑦，兩加焉重相若，則標必下，標得權也⑧。

【译文】物体负重能够不倾斜，是因为可以胜任重量。横木增加重量能够不倾斜，是因为可以胜任重量。在横木上左右移动支点，没有加重却倾斜了，那是因为失去了重心不能胜任重量了。横木平衡的时候，在横木的一边加上重量，这一边必定下垂，因为权和称物的重量是成正比的。横木平衡，那么本方（如图 2.1 的 AO）短而标方（BO）长，即动力臂大于阻力臂，这时如在两边同时加上相等的重量，则标方必定下垂，因为标方得到了秤锤加重的力。

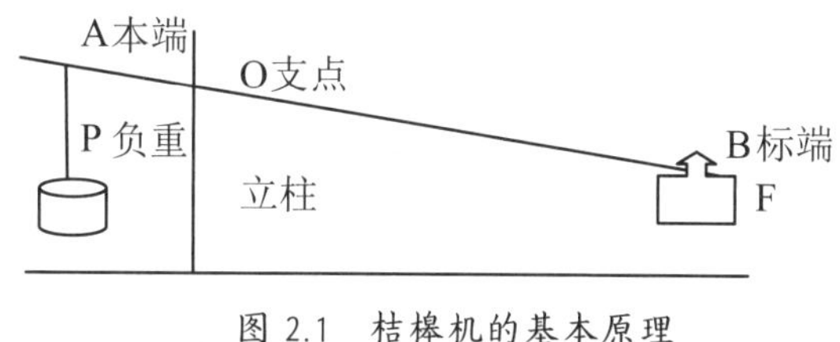

图 2.1 桔槔机的基本原理

【校注】①负：[校]《道藏》本作“贞”，从吴汝纶校改。吴汝纶云：“贞，当作负。”[注] 指桔槔机本端负重。《释名•释姿容》：“负，背也，置项背也。”《玉篇》：“负，担也。”《广韵》：“负，荷也。”②挠：[注] 曲，倾倒。③胜：[注] 胜过，大于，指杠杆标端重力距大于本端与重物的重力合力距。下同。④加：[校]《道藏》本作“如”，从毕沅校改。⑤极胜重：[注]重心稳定能胜任负担。极：[注] 中心，重心。《广雅•释名》：“极，中也。”⑥校：[注] 调节、校正。交绳：[注] 支点，指立杆与横杆相交错捆绑之处。⑦相衡：[注] 指秤杆的平衡状态。《说文》郑玄注：“衡，称也。”本：[注] 指支点和重点之间的距离，即重臂。标：[注] 指支点和力点之间的距离，即力臂。⑧标得权：[注] 标方得到秤锤加重之力。权：[注] 秤锤。

【概论】阐述桔槔机的起重原理。

127.《經下》(127)：挈與收仮①，說在薄②。

《經說下》(127)：挈有力也，引無力也。不必所挈之止於施也③，繩制挈之也[④]，若以錐刺之。挈，長重者下，短輕者上；上者愈得，下[⑤]者愈亡。繩直，權重相若，則止[⑥]矣。收，上者愈喪，下者愈得，上者權重盡，則遂[⑦]。

【译文】用滑轮升降物体时，提挈与收取的动作是相反的，因为系权绳端与系物绳端相互牵制迫使重物升降。挈是用力提升物体，引是不用力提升物体。要提升重物，不必限于只用斜面，也可以用绳子在滑轮的牵挚作用下提升它，这就像用锥刺物般的省力。滑轮提升重物，权端较重则逐渐下降，悬绳愈增愈长，物端较轻缓缓上升，悬绳愈缩短，物体愈升愈接近目的地，权锤愈降愈失去迫使作用，使重物一直升到设定高处，达成任务。如果系权与系物的绳等长，权物重量也相等，这时权物静止不动，既不上升也不下降，形成引的状态。收，就是下降重物，较轻的权愈升愈失去迫使重物下降的作用，较重的物体愈下降愈接近目的地，使物体一直下降到设定的低处，这时升到高处的权重作用已尽，那么就完成了下降重物的任务。

【校注】①挈：[校]《道藏》本作“契”，提升。《说文》：“提，挈也。”收：[校]《道藏》本作“枝”。[注]收取。《广雅•释诂》：“收，取也。”张惠言：“契当为挈，枝当为收。”仮：[校]《道藏》本作“板”。孙诒让：“板，疑当作仮，仮反同。”②薄：[注]迫。《小尔雅•广言》：“薄，迫也。”孙诒让校“薄”为“权”，不确。③必：[校]《道藏》本作“心”，从谭戒甫校改。王闿运、张之锐校“心”为“止”，似不确。施：[注]同“迤”，邪，斜，从孙诒让说。④绳制挈之：[注]用绳索制动定滑轮以升降重物的装置，即滑车。⑤下：[校]《道藏》本作“下下”，从张惠言校删。⑥止：[校]《道藏》本作“心”，从王闿运、张之锐校改。⑦遂：[注]成，完成。

【概论】阐述滑轮与轮轴之理。

128.《經下》（128）：倚者不可正[①]，説在梯[②]。

《經説下》（128）：[倚]倍、拒、堅、射，倚焉則不正。[③]挈，兩輪高，兩輪爲輲[4]，車梯也。重其前，弦其前，載弦其前，載弦其軲，而縣重於其前。是梯[5]挈，且挈則行。凡重，上弗挈，下弗收，旁弗劫[6]，則下直。㩋[7]，或害之也。流[8]梯者不得流直也。今也廢石[9]於平地，重不下，無旁[10]也。若夫[11]繩之引軲也，是猶自舟中引横也。

【译文】斜面活动不能像垂直那样，比如车梯。人在做背负、抵拒、牵引、射箭等活动时，身体都偏斜不正。提升重物的车梯也应用斜面原理，其构造是：前面的两个轮子高，后面两个无辐的低轮，并在轮轴上铺装长板，重心摆在前面，用一条绳子的两端系在车的前端，再用一条绳子的两端系在车轱，都像弓弦一般，以便牵引，而把重物悬挂在前头。这种车梯提挈重物，一边提拉绳子，一边重物逐渐升高。凡是重物，上面不用力提拉，下面不用力扯收，旁边不用力胁迫，则物体一定垂直落下。斜面对物体的下落起某种妨害作用。在车梯上滑动的物体，沿着斜板直下，不会转变方向，因为木板是直的。现在放一块石头在平地上，就是重也不会流动，因为没有旁力影响。至于用绳子拉着车轱，使车梯移动，正如用绳子拉着横木，使舟船前行一样。

【校注】①倚：[注] 偏斜。正：[注] 垂直。②梯：[校]《道藏》本作“剃”，从孙诒让校改。[注] 车梯。③倍、拒、坚、射，倚焉则不正：[校] 此十字原在此段文末“引横也”之下，从曹耀湘、梁启超校移。倍：[注] 即“背”，背负。坚：[注] 与“挈”“牵”互通，牵引，从孙诒让说。射：[校]《道藏》本作“䠶”，从谭戒甫校改。[注] 投射。④輲(轮，chuán)：[注] 无辐的低矮车轮。⑤梯：[校]《道藏》本作“埢”，从毕沅、孙诒让校改。下同。⑥劫：[注] 强力胁迫。《说文》：“欲去以力胁止曰劫。”《正韵》：“劫，夺也，势胁也。”⑦㩋：[注] 同“迤”，邪，斜，据孙诒让说。⑧流：[校]《道藏》本作“沶”，流转，滑动。下同。⑨石：[校]《道藏》本作“尺”，从孙诒让校改。⑩旁：[校]《道藏》本作“蹻”，从孙诒让说。⑪若夫：[注] 王引之《经传释词》云“若夫，转语词也”。

【概论】阐述斜面原理。

129.《經下》（129）：堆之必拄[①]，説在廢材[②]。

《經説下》(129):[堆[③]]𡌵石絫石耳，夾寖者法也[④]。方石去地尺，關[⑤]石於其下，縣絲於其上，使適至方石。不下，柱也。膠[⑥]絲去石，挈也。絲絕，引也。未變而石[⑦]易，收也。

【译文】堆砌一定要有所支撑，理由在于放置建筑材料需要遵循一定的法则。堆砌就是排列石块和叠置石块。东西夹室和中间居室都是利用这一方法营造出来的。选一块方形石头，用绳索将它悬挂在离地面一尺的高度处，砌另一石头连贯在它的下面，使它们上下相靠。绳索的长度正好是从悬挂点到方形石头上表面的距离。这时，上面的方形石头不下落，是受到下面石头的支撑力。如果系紧上面的方形石头以后，抽去下面的石头，上面的方形石头被悬挂空中，这是绳索的提挈力所致；如果抽去下面的石头，绳索断绝而方形石头落地，这是地心引力所致。同样的绳索系紧上面的方形石头而抽去下面的石头的情况，后者方形石头落地而改变位置，显然是受到下方收扯力的结果。

【校注】①堆：[校]《道藏》本作“推”，从谭戒甫校改。[注] 堆砌。拄：[校]《道藏》本作“往”，从徐克明校改。[注] 支撑。②废：[注] 放置。废材：[注]放置建筑材料。③堆：[校]《道藏》本作“谁”，从谭戒甫校改。④𡌵：[注]“并”的异文，并列，排列。絫：[注] 积累。《说文》：“絫，增也。”寖：[注]“寢”的初文，指居室。《集韵》：“寢，古作寖。”夹寖者法也：[注] 营造夹室寝庙等的方法。夹：[注] 夹室。《释名• 释宫室》：“夹室，在堂两头，故曰夹也。”⑤关：[注] 通“贯”，关联、连贯。⑥胶：[注] 黏接、固结。《说文》：“胶，昵也。”《尔雅• 释诂》：“胶，固也。”⑦石：[校]《道藏》本作“名”，从曹耀湘、梁启超校改。

【概论】阐述堆砌土石方的原理。

130.《經下》（130）：買[①]無貴，説在仮[②]其賈[③]。

《經説下》（130）：［買］刀糴相爲賈[④]。刀輕則糴不貴，刀重則糴不易[⑤]。王刀無變，糴有變。歲變糴，則歲變刀。若鬻子[⑥]。

【译文】物价不会昂贵，因为有方法让它回复到一定的行情。币值和粮食价格可以互为升降。当钱不值钱时，市场上就会有更多粮食出售，所以粮食价格不贵；当钱值钱时，市场上出售的粮食就会减少，因此，粮食价格就不会低贱。国家的钱币数量没有变化，是因为粮食销售量在发生变化。根据每年粮食销售量的变化，国家增减不同钱币的数量。比如卖小钱。

【校注】①买：［注］买卖，物价。②仮：［注］同“反”，从毕沅说。③贾：［注］同“价”。④刀籴相为贾：［注］币值与物价互为涨跌。刀：［注］钱币。籴：［注］谷物，泛指商品。《广韵》：“籴，入米也。”《说文》：“籴，市谷也。”⑤易：［注］贱。⑥鬻子：［注］留母鬻子，即留着大币支付小币。诸家以“鬻子”为出卖儿子，均错。从李渔叔说。

【概论】阐述货币与商品价格的关系。

131.《經下》（131）：賈宜則讐[①]，説在盡。

《經説下》（131）：［賈］盡也者，盡去其所以[②]不讐[③]也。其所以不讐[④]去，則讐[⑤]，正[⑥]賈也。宜不宜正[⑦]欲不欲。若敗邦、鬻室[⑧]、嫁子。

【译文】价格适宜就出售，因为能够卖完存货。尽，就是卖完所有的存货。能卖掉那些没有出售的货物，这样倾售的价格就是正价。价格适不适宜，正要看买者想不想要。货物的倾售，就像战败的国家、出售的房子、出嫁的女儿。

【校注】①③④⑤雠：［注］同“售”。②所以：［校］《道藏》本作“以”，从孙诒让校改。⑥⑦正：［校］《道藏》本作“缶”，现改正。⑧鬻室：［注］出售的房子，从李渔叔说。孙中原解释为“卖妻妾”，可参考。

【概论】阐述营销的基本策略。

132.《經下》(132)：無説而懼，説在弗心[1]。

《經説下》(132)：[無] 子在軍，不必其死生；聞戰，亦不必其死生[2]。前也不懼，今也懼。

【译文】没有经过充分论证而害怕，因为心里感到不安。孩子在军营中，不能必然地断定他的生死；听说军队开战了，也不能必然断定他就会死。前者不害怕，后者则害怕了。

【校注】①弗心：[注] 不心安，从李渔叔说。《公羊传》曰："弗者，不之深者也。"[校] 孙诒让校改为"弗必"，后诸多注家皆依从。②死生：[校]《道藏》本作"生"，从孙诒让校改。

【概论】阐述概率增加并非就能达成因果关系，但是心里还是感觉到不安。

133.《經下》(133)：或[1]過名[2]也，説在實。

《經説下》(133)：[或] 知是之非此[3]也，有知是之不在此也[4]，然而謂此南北，過而以已爲然[5]。始也謂此南方，故今也謂此南方。

【译文】有时名称会过时，因为事实发生了变化。知道这个情况已经不是这个情况，又知道这个情况已经不在这里了，但还是称呼这个地方是南、北，这就是事情已经过去了还以过去曾经如此为理由。因为开始把这里叫作南方，所以现在还把这里叫作南方。

【校注】①或：[注]"域"的正字，从孙诒让说。梁启超训"或"为迷惑。②过名：[注] 名称过时了，已经不适合当前的情况。③是之非此：[注] 这个已经不是这个。④有：[注] 同"又"，同音假借。是之不在此：[注] 这个已经不在这里。⑤过而以已为然：[注] 事情已经过去了，还用过去曾经如此作为理由，推论说现在还是如此。《经说下》(111)："以已为然也欤？"因为过去曾经如此，就说现在还是如此，这是一种"过疑"。

【概论】时间或空间的变化，会使得名称变得过时。有类似西方名称的因果历史理论思想。《公孙龙子• 名实论》:“知此之非此也,知此之不在此也,则不谓也;知彼之非彼也,知彼之不在彼也,则不谓也。”

134.《經下》(134):知知之否之足用[①]也諄[②],説在無以[③]也。

《經説下》(134):[智] 論之,非智無以也[④]。

【译文】知道自己知道某事还是不知道这件事就已经足够用了,这种说法是悖谬的、不成立的,理由在于它是一种无谓之举。因为人们都要以其所知来推论事物,如果没有掌握实际具体的知识,就没有根据来对事物进行推论。

【校注】①知知之否之足用:[注] 一个人对于任何事物,只要知道自己是知道还是不知道,就足够用了。《老子》第 71 章:“知不知,上;不知知,病。”《论语• 为政》:“孔子曰:‘由,诲女知之乎!知之为知之,不知为不知,是知也。’” ②悖:[校]《道藏》本作“諄”,从张惠言校改。③无以:[注] 无用处,无意义。④非智无以也:[注]非智没法儿论物。无以:[注]不能,没法儿。智:[注] 同“恕”。《经说上》:“恕也者,以其知论物而其知之也著,若明。”

【概论】揭示“知知之否之足用”的悖谬性。

135.《經下》(135):謂辯無勝[①],必不當[②],説在辯[③]。

《經説下》(135):[謂] 所謂非同也,則异也。同則或謂之狗,其或謂之犬也。异則或謂之牛,其[④]或謂之馬也。俱無勝,是不辯也。辯也者,或謂之是,或謂之非,當者勝也。

【译文】说辩没有胜利的一方,那是不正确的,理由在于对辩的定义。争论的对象,不是相同就是相异。相同的如:甲说“这是狗”,乙说“这是犬”。相异的如:甲说“这是牛”,乙说“这是马”。这样的话,就没有胜利的一方,因为这两种情形都不是辩。辩是对同一个对象,甲说“这是什么”而乙说“这不是什么”,其中所持命题为真的一方取胜。

【校注】①辩无胜：[注] 辩论双方没有胜利者。《庄子• 齐物论》："既使我与若辩矣，若胜我，我不若胜，若果是也，我果非也邪？我胜若，若不吾胜，我果是也，而果非也邪？其或是也，其或非也邪？其俱是也，其俱非也邪？我与若不能相知也，则人固受其黮（dàn）暗，吾谁使正之？使同乎若者正之？既与若同矣，恶能正之！使同乎我者正之？既同乎我矣，恶能正之！使异乎我与若者正之？既异乎我与若矣，恶能正之！使同乎我与若者正之？既同乎我与若矣，恶能正之！然则我与若与人，俱不能相知也，而待彼也邪？何谓和之以天倪？曰：是不是，然不然。是若果是也，则是之异乎不是也亦无辩；然若果然也，则然之异乎不然也亦无辩。化声之相待，若其不相待，和之以天倪，因之以曼衍，所以穷年也。"②不当：[注]不符合事实。③说在辩：[注] 理由在于对"辩"的定义。《经上》(75)："辩，争彼也。辩胜，当也。"④其：[校]《道藏》本作"牛"，从孙诒让校改。

【概论】阐述论辩必有胜利的一方。主张所持观点正确的一方取胜。驳斥庄子的"辩无胜"论。

136.《經下》(136)：無不讓①也，不可，説在酤②。

《經説下》(136)：[無] 讓者酒，未讓酤③也，不可讓也。若殆於城門與於臧也④。

【译文】凡事都要让，这个论题不能成立，理由在于买酒的事情就不应该让。请客吃饭时应该让客人先喝酒，但决不能让客人买酒，买酒的事情不可让于客人。就好像争先入城与臧仆通行都不必谦让。

【校注】①无不让：[注]凡事皆让。儒家以礼让为美德。《左传• 昭公十年》："让，德之主也。"《论语• 里仁》："子曰：'能以礼让为国乎，何有？'"②③酤：[校]《道藏》本作"始"，从高亨校改。[注] 买酒。[校] 孙诒让校改为"殆"，危，可参考。④若殆于城门与于臧也：[校] 此句原在《经说下》(153) 的句末，从孙诒让校移于此。殆：[注] 近。《荀子• 荣辱》："小涂则殆。"杨琼注："殆，近也。”梁启超曰：“行而争先曰殆，行路以让为礼，城门狭，斯殆矣；与臧仆偕行，则亦殆矣，皆以不可让故也。”

【概论】全称命题存在反例的情况举例。

137.《經下》（137）：於一①，有知焉，有不知焉②，説在存③。

《經説下》（137）：[於] 石一也，堅白二也，而在石。故謂④有智⑤焉，有不智⑥焉，可。

【译文】在一块石头中，它的硬度和白色两种属性有时感知，有时不感知，论证在于两种属性都存在于这块石头中。石头是一个实体，硬度和白色是两种不同的性质，它们都存在于石头这一实体中。因此，说对于这块石头一时有感知的有不感知的，是可以的。

【校注】①于一：[注] 在一块石头中。②有知焉，有不知焉：[注] 手抚摸石头知坚而不知白，眼睛看石知白而不知坚。③说在存：[注] 感知到的性质和感知不到的性质都同时存在于石头中。④谓：[校]《道藏》本无此字，从孙诒让校增。⑤⑥智：[注] 同“知”。

【概论】论实体与属性、属性与属性之间的关系。《公孙龙子·坚白论》：“于石一也，坚白二也，而在于石。故有知焉，有不知焉。”公孙龙在论证中抄袭墨家的某些观点，但得出“离坚白”这一与墨家完全不同的结论。

138.《經下》（138）：有指於二①，而不可逃，説在以二參②。

《經説下》（138）：[有指] 子智是，有智是吾所先舉，則重③。子智是，而不智吾所先舉也，是一④。謂有智焉，有不智焉，可。若智之，則當指之智告我，則我智之。兼指之以二也。衡指之，參直之也。若曰，“必獨指吾所舉，毋指⑤吾所不舉”，則二⑥者固不能獨指。所欲相不傳，意若未交⑦。且其所智是也，所不智是也，則是智是之不智也，惡得爲一⑧？而謂⑨“有智焉，有不智焉”？

【译文】有一人抚石指谓坚，一人视石指谓白，对石头的坚白两种属性既然同时认识因而也就无所逃离，理由是用两人的认识来加以参验综合。假如你知道这块石头是白色的，又知道我先前所举的也是这石的白，那么我们同样知道白，这就是重。又假如你知道这石头的坚，却不知道我先前举的是什么，那么你知道石头的坚，就只知其一，不知其二。如此，你只知道一偏，说“有知道的，有不知道的”是可以的。如果你是知道的，就当把你知道的告诉我，那么我就能全面认识，石头的坚和白两种属性就可以完全指认出来。衡量你我同时的指认，你指坚我指白，或你指白我指坚，就可参验出坚白相盈于石头之中。如果你说“一定要单指我说的一性，不指我没说的另一性”，这是不对的，因为坚白两性本来就充盈于石头中，不能分割，想要知道的事互不相传，两意才不交通。再说，你知道这一点，如此你知道的也就是你不知道的，明明坚白两性同存于石头中，怎能仅指一性，说你“有知道的，有不知道的”呢？

【校注】①指:[注] 用手指物。于二:[注] 指坚白两种性质。②参（cān）:[校]《道藏》本作“粲”，从张惠言校改。[注] 参验、交互、参校。③有:[注] 同“又”。则重:[校]《道藏》本作“重则”，据高亨校乙。智:[注] 同“知”，下同。④是一:[注] 只知其一。⑤指:[校]《道藏》本作“举”，据高亨校改。⑥二:[校]《道藏》本中无此字，据张惠言校增。⑦交:[校]《道藏》本作“校”，现改正。⑧恶得为一:[注] 何能仅指一坚或一白。⑨而谓:[校]《道藏》本作“谓而”，从谭戒甫校乙。[注] 你说。

【概论】阐述人的不同认知器官，对事物的不同属性的认识问题。

139.《經下》(139)：所知而弗能指，説在春也[①]、逃臣、狗犬、遺[②]者。

《經説下》(139)：[所] 春也，其死[③]固不可指也。逃臣，不智其處。狗犬，不智其名也。遺者，巧弗能兩也。

【译文】知道却无法指出来的东西，例如死去的女仆春、逃跑了的臣子、狗犬和遗失了的物品。女仆春已经死了，本来就无法指出。逃跑了的臣子，不知道他藏匿的地点。狗犬，不知道其具体的名字。遗失了的物品，即使是巧工，也不能做出完全相同的东西来。

【校注】①春：[注] 女仆名，从沈有鼎说。《经说下》（150）："臧也今死，而春也得之，之死也可。"李渔叔训"春"为春天。②遗：[校]《道藏》本作"贵"，从张惠言校改。③死：[校]《道藏》本作"执"，从沈有鼎校改。张惠言训"执"为"趋势"，可参考。

【概论】阐述知其名却不能确指其实的东西。因为它们在现实中有涵义却缺乏指称。

140.《經下》（140）：知狗而自謂不知犬[1]，過[2]也。説在重[3]。

《經説下》（140）：[智] 智狗重智犬，則過[4]，不重則不過[5]。

【译文】知道狗而又说不知道犬，这是错误的，理由在于狗和犬是"二名一实"的重同。如果知道狗和知道犬是相重合的，则说"知道狗不知道犬"是错误的；如果知道狗和知道犬不是相重合的，则说"知道狗不知道犬"不是错误的。

【校注】①而：[注]却。②过：[注]过错，错误。下同。③重：[注]重同。《经说上》（87）："二名一实，重同也。"④智：[注] 同"知"。重：[注] 重新，再来。《广韵》："重，更为也。"《博雅》："重，再也。"⑤不重则不过：[注] 就名知说，知狗名不等于知犬名；就合知说，知狗名之所指，不等于知犬名之所指。在这两种意义上，"知狗不是知犬"都不算犯错误。

【概论】论二名一实的问题。中国古代的辩者说："狗非犬。"（《庄子·天下》）

141.《經下》（141）：通意後對[1]，説在不知其誰謂也[2]。

《經説下》（141）：[通] 問者曰："子知羈[3]乎？"應之曰："羈何謂也？"彼曰："羈旅[4]。"則智之。若不問羈何謂，徑應以弗智[5]，則過。且應必應問之時，若應長，應有深淺、大小、不中，在長人長⑥。

【译文】应该弄清楚对方的意思后再做回答，原因在于不知道对方所说的究竟是什么。问者说："你知道羁吗？"答者说："你说的羁指的是什么意思？"对方即最初的问者说："羁就是寄旅的意思。"这样那就知道了。如果不问"羁指的是什么意思"，匆忙回答说"不知道"，这样就错了。而且回答必须考虑对方所问的时机来回答，像应答"长"，用深浅、大小应答，那就不切中问题，因为他问的是长人的长。

【校注】①通意后对：[注] 弄清楚说话者的语意之后再做回答。通：[注] 通达，通晓，弄清楚。《说文》："通，达也。"对：[注]应对，对答。《广韵》："对，答也。"②谁谓：[注] 何谓。《说文》："谁，何也。"③羁：[校]《道藏》本作"飘（jì）"，据高亨校改。[注]《说文》："羁，马络（luò）头也。"下同。④羁旅：[校]《道藏》本作"飘施"，据高亨校改。[注]"羁"有寄旅、寄客的意思。《广雅·释诂》："羁，寄也。""旅，客也。"[校] 张之锐、范耕研校改为"骆驼"，可参考。⑤径应：[注] 直答。《集韵》："径，直也。"智：[注] 同"知"。上同。⑥大小、不中，在长人长：[校]《道藏》本作"天常中在兵人长"，从曹耀湘校改。曹耀湘说："人长曰长，物长亦曰长。深浅者草木之长。大小者鸟兽之长也。还问焉而不中，则知其意在长人之长矣？"《孟子·告子上》："不识长马之长也，无以异于长人之长与？"高亨校改为："大小，当在其人焉。"

【概论】阐述名实关系问题，即语词的涵义和指称问题。

142.《經下》（142）：所存與存①者，於存與孰存②？四焉，說在异③。

《經説下》（142）：[所] 室堂，所存也。其子，存者也。據存④者而問室堂，惡⑤存也？主⑥室堂而問存者，孰存也？是一主存者以問所存，一主所存以問存者。

【译文】存在的处所与存在的主体，询问存在的处所与询问存在的主体，这是四件事情，原因在于它们都有所不同。室堂是存在的处所。室堂主人的儿子是存在的主体。从存在的主体出发而问室堂：哪里是存在的处所？从室堂出发而问主体：谁是存在的主体？这里，一个是从存在的主体出发而问存在的处所，一个则是从存在的处所出发而问存在的主体。

【校注】①存：[校]《道藏》本无此字，从张惠言校增。②于存：[注]即“恶存”，存何所。孰存：[注]谁存。《尔雅·释诂》：“孰，谁也。”③四焉，说在异：[校]《道藏》本作“驷异说”，从高亨校改。④存：[校]《道藏》本作“在”，从张惠言校改。张惠言云：“‘在’当为‘存’。”⑤恶：[校]《道藏》本中此字后有“可”字，从梁启超校删。⑥主：[注]据。

【概论】阐述存在的处所（空间）与存在者（主体）之间的关系问题。

143.《經下》（143）：五行毋常勝①，説在宜②。

《經説下》（143）：[五]金③水土火木④，離⑤然。火鑠⑥金，火多也；金靡炭，金多也。金⑦之府⑧水，火⑨離木。若識麋與魚之數，惟所利。

【译文】五行之间并没有固定的生克顺序，关键在于适不适宜。金水土火木五种元素，各自独立。火熔化金，是因为火多。金能够压灭炭火，是因为金多。金能够使水腐臭，火能够燃烧木头。就像要知道某处麋鹿盛、某处鱼儿多，关键是要看该处的环境是否对它们有利。

【校注】①五行：[注]中国古代的一种宇宙物质构成说。史伯说：“以土与金木水火杂，以成百物。”（《国语·郑语》）五行常胜：[注]邹衍等阴阳家主张，构成世界的五种基本元素——金、木、水、火、土，有一种必然的生（胜）克顺序，即金生水，水生木，木生火，火生土，土生金；金克木，木克土，土克水，水克火，火克金。如图 2.2 所示。

图 2.2　五行相生相克图

②宜:[注]适宜。[校]高亨校“宜”为“多”，也可以说通。③金:[校]《道藏》本作“合”。④水土火木:[校]《道藏》本作“水土火火”，从谭戒甫校改。⑤离:[注]独立、分离。⑥铄:[注]熔化。⑦金:[校]《道藏》本作“合”。⑧府:[注]同“腐”，假借。⑨火:[校]《道藏》本作“木”，从谭戒甫校改。

【概论】阐述五行生克关系不是必然的，关键要看外在环境适不适宜。

144.《經下》(144)：無欲惡之爲益損也①，説在宜。

《經説下》(144)：[無]欲惡傷生損壽②，説以少連③。是唯④愛也？嘗多粟⑤。或者欲有不⑥能傷也，若酒之於人也。且恕⑦人利人，愛也，則惟恕弗治也⑧。

【译文】并非欲望和厌恶会增加对身体的损害，理由在于是否适宜。欲望和厌恶会伤害身体从而减少寿命，通常是以少连这个人说事。就是因为喜好吃，吃了不少饭。欲望也可能不会伤害人的身体，比如喝酒对于人来说。而且要知道别人并对别人有好处，这就是爱，有时虽然知道这一点但却不能做到。

【校注】①无欲恶之为益损:[注]并非欲望和厌恶都会增加对身体的损害。②欲恶伤生损寿:[注]欲望和厌恶会伤害身体减损寿命。③少连:[注]人名。《论语·微子》称少连为古之“逸民”,《礼记·杂记下》载孔子说少连“善居丧”，可能首倡“欲恶伤生损寿”之说。④唯:[校]《道藏》本作“谁(誰)”，形近而误，从高亨校改。⑤尝多粟：[注] 吃了不少饭。《广雅·释诂》："尝，食也。"粟：[注] 俗称小米。⑥有不：[校]《道藏》本作"不有"，现改正。⑦恕：[注] 同"知"。⑧惟恕弗治：[注] 虽然知道却不能做到。惟：[注] 同"唯"。恕：[注] 同"知"。

【概论】对"欲望和厌恶会伤生损寿"命题提出疑问。

145.《經下》（145）：損而不害，説在餘[1]。

《經説下》（145）：[損] 飽者去餘，適足不害，能害飽。若傷麋之無脾也[2]。且有損而後益智者，若瘧[3]病之止[4]於瘧也。

【译文】损失不一定就有害处，因为有时被损失的部分本来就是多余的。吃得过饱的人去掉多余的部分恰恰不会有害处，除了有害于过饱这一点。比如吃了过多的麋鹿肉会伤害到脾脏。而且有时必须有所损然后才能得到益处。犹如患疟疾病的人，却能获得终身免疫。

【校注】①馀：[注] 多余。下同。②伤麋：[注] 因吃了过多的麋鹿肉而伤害到身体。无脾：[注] 指脾脏失去正常功能，脾生病。③疟：[注]《道藏》本中作"瘧"，为"疟"字的异体字。下同。④之止：[校]《道藏》本作"之之"，从曹耀湘校改。

【概论】对"损都有害"的命题提出疑问。

146.《經下》（146）：智而不以五路[1]，説在久[2]。

《經説下》（146）：[智] 以目見，而目以火見，而火不見。惟以五路智久[3]，不當以目見，若以火見。

【译文】人们有些知识的获得不是通过五种感觉器官，如对时间概念的认识。眼睛是见物的器官，光线是见物的条件，眼睛通过光线做媒介见物但光线本身不见物。人们只有通过五种感觉器官才能获得关于时间概念的认识，这不是相当于眼睛对于见物的关系，而是相当于光线对于见物的关系。

【校注】①智：［校］《道藏》本作“知”，据《说》校正。五路：［注］五种感觉器官。②久：［注］时间。《经上》（40）：“久，弥异时也。”③惟以五路智久：［注］只有通过五种感觉器官才能获得对时间久的认识。智：［注］通“知”。

【概论】阐述感官只是把握时间概念的条件，而不是把握时间概念的器官，就如光线只是见物的条件而不是见物的器官一样，驳斥了中国古代辩者的观点。辩者主张：“目不视。”（《庄子·天下》）认为人的眼睛是看不见物体的。《公孙龙子·坚白论》：“且犹白，以目、以火见，而火不见，则火与目不见，而神见。”就像白色，人们是凭借眼睛和光线看见的，但光线本身却不能看见白色，所以光线和眼睛加在一起也不能看见白色，只是靠精神来看见而已。在墨家看来，人们凭借光线和眼睛来看见物体，这里光线是见物的条件，而眼睛是见物的器官，眼睛和光线对于见物来说起着不同的作用，所以，眼睛见物而光线却不见物。但公孙龙在结论中却说眼睛也不能见物，这就意味着眼睛也不是见物的器官，显然是自相矛盾的。

147.《經下》（147）：火[①]熱，説在頓[②]。

《經説下》（147）：［火］謂火熱也，非以火之熱我有，若視日[③]。

【译文】火是热的，理由在于其内在物质的聚合。说火是热的，并不是说火的热是我所具有的，就像看太阳那样。

【校注】①火：［校］《道藏》本作“必”，形近而误，从孙诒让校改。②顿：［注］通“屯”，聚，从谭戒甫说。孙中原校改为“视”，可参考。③日：［校］《道藏》本作“曰”，形近而误，从曹耀湘校改。

【概论】主张像“热”这样的性质，是火或日等物所客观具有的，并不以人们的主观意志为转移，驳斥中国古代辩者的观点。辩者说：“火不热。”（《庄子·天下》）认为火使得人们觉得热，但火本身是不热的，火热是人们的主观感觉而已。

148.《經下》(148):知其所以不知[①],説在以名取[②]。

《經説下》(148):[智]雜所智與所不智而問之,則必曰:“是所智也,是所不智也。”取、去俱能之,是兩智之也。

【译文】知道他为什么不知道的原因,是因为可以用“以名取实”的方法来检验。混合他知道的和不知道的去问他,他一定会说:“这个我知道,这个我不知道。”既知道他知道的(取),又知道他不知道的(去),这是两种不同的知识。

【校注】①知其所以不知:[注]知道他为什么不知道的原因。以:[校]章太炎、梁启超均主张应将“以”字作为衍文而删除,无据。②以名取:[注]以名取实。《经说上》(81):“[知]所以谓,名也。所谓,实也。名实耦,合也。志行,为也。”能够满足“以名取实”的知识,应该包括其中的实知、合知和为知。《贵义》:“子墨子曰:‘今瞽曰:皑者白也,黔者黑也。虽明目者无以易之。兼白黑,使瞽取焉,不能知也。’故我曰:‘瞽不知白黑者,非以其名也,以其取也。’”

【概论】阐述应用“以名取实”的方法,可以揭示出论敌认识错误的原因,是只停留在名上面的结果。

149.《經下》(149):無不必待有,説在所謂。

《經説下》(149):[無]若無焉[①],則有之而後無。無天陷[②],則無之而無。

【译文】“无”不一定要有了之后再失去才叫无,理由在于所说的是哪一种无。就像现在没有焉鸟,那是因为以前有过,后来灭绝了。而没有天塌下来这种事情,则是从来都不曾发生的“无”。

【校注】①焉:[注]黄色鸟、黄凤。《说文》:“焉,鸟。黄色,出于江淮,象形。”《禽经》:“黄凤谓之焉。”高亨说:“《论语·子罕》:‘凤鸟不至。’《墨子·备城门》：'凤鸟之不出。' 皆叹古有凤而今无凤，即古有焉而今无焉。此墨子所以用作有之而后无之例也。" 孙诒让校改为"马"。②天陷：[注] 天塌下来。

【概论】主张"无"这个名存在两种不同的内涵。

150.《經下》(150)：擢慮[①]不疑，説在有無[②]。

《經説下》(150)：[擢] 疑無謂也[③]。臧也今死，而春也得之[④]，之[⑤]死也可。

【译文】通过抽象得来的知识不用怀疑，理由在于有没有相关的事实。值得怀疑是因为事实上不能那么说。(比如) 臧现在患某种病死了，而春也患了同样的病，春会死是必然的。

【校注】①擢(zhuó)：[注]抽引。《说文》："擢，引也。"虑：[注]思考。《说文》："虑，谋思也。"《经上》(4)："虑，求也。"《经说上》(4)："虑也者，以其知有求也。"②有无：[注]有实无实。③疑无谓也：[注]怀疑起于无实可说。④之：[校]《道藏》本作"文"，从孙诒让校改。臧：[注] 奴仆名。春：[注] 女仆名。⑤之：[校]《道藏》本作"文"，从沈有鼎校改。

【概论】论基于事实的归纳推论具有其必然性。

151.《經下》(151)：且然不可正[①]，而不害用工[②]，説在宜[③]。

《經説下》(151)：[且] 猶是也。且然必然[④]，且已[⑤]必已。且[⑥]用工而後已[⑦]者，必用工而後已。

【译文】事物将要怎样而不可阻挡，但还是不妨害有所作为，关键是这种作为要适度。将要，就像现在这样。事物将要发生而必然会发生，事物将要结束而必然会结束。事物将运用人力作用而后结束，就必须运用人力作用才能结束。

【校注】①且然不可正：[注] 事情将要怎样而不可阻止。且：[注] 正在或者将要。《经上》（33）：“且，言然也。”《经说上》（33）：“自前曰且，自后曰已，方然亦且。”正：[注] 止。《诗•邶风•终风•序》：“见侮慢不能正也。”郑笺：“正，犹止也。”《管子•法法》：“正者所以止过而不及也。”[校] 曹耀湘、高亨改“正”为“止”，不确。②工：[注] 通“功”。用工：[注] 从事。③宜：[注] 适宜，合适，有分寸。④且然必然：[校]《道藏》本作“且且必然”，从王引之校改。⑤⑦已：[校]《道藏》本作“己”，现改正。⑥且：[校] 高亨在此字前增加“且用功而后然者，必用功而后然”，可参考。

【概论】阐述面对事物发展的必然性，人们是不可阻止的，但并不妨碍人们可以努力地发挥主观能动性作用。而需要主观努力才能成功的事情，则必须要经过主观上的努力才能取得成功。

152.《經下》（152）：均之絕否[①]，說在所均[②]。

《經說下》(152):[均]髮均，縣[③]輕重[④]。而髮絕，不均也。均，其絕也莫絕。

【译文】均匀的东西断与不断，关键在于均匀的程度。发丝均匀，则可以悬挂或轻或重的物体。发丝如果断绝了，那是因为发丝在结构上不均匀。发丝如果结构均匀，则不可能断绝。

【校注】①均:[注]均匀的东西。《说文》:“均，平遍也。”[校]高亨将“均”校改为“发”，不确。绝:[注] 断绝。《说文》:“绝，断丝也。”否:[校]《道藏》本作“不”，但吴抄本作“否”，据高亨校改。②均：[注] 均匀的程度。③县：[注] 同“悬”。④重：[校]《道藏》本无此字，从毕沅、孙诒让校增。

【概论】阐述物理的必然性在于其势的均等。《列子•仲尼》引公孙龙说:“发引千钧。”又引公子牟说：“发引千钧，势至等也。”

153.《經下》（153）：堯之義也，声[①]於今而處於古。而异時，說在所義二。

《經説下》(153)：[堯] 或[2]以名視[3]人，或以實視人。舉友富商也，是以名視人也。指是臛[4]也，是以實視人也。堯之義也，是聲也於今，所義之實處於古。

【译文】尧的大义，是在我们今天所说的声名，而事实却发生在古代，时代不同，所以含义上就有差别。人们有时用名称或概念来向别人表达思想，有时则用实际事物对象来向别人表达思想。例如举某朋友是富商，这是用名称或概念来向别人表达思想。指着某鹤告诉别人说这是鹤，这是用实际事物对象来向别人表达思想。尧的大义，这个声名流传到今天，行义的事实则发生在古代。

【校注】①声:[校]《道藏》本作“生”，从孙诒让校改。[注] 名称，语言。②或:[校]《道藏》本中此字前有“霍”，从梁启超删除。③视:[注] 同“示”。下同。④臛:[注] 通“鹤”。《经说下》(109):“狗假霍也，犹氏霍也?”“霍”同“臛”。

【概论】阐述名和实之间存在差别。因为“名”包括主观臆测的部分，未必与“实”完全一样。

154.《經下》(154)：狗，犬也。[1]而殺狗非殺犬也，不[2]可，説在重[3]。

《經説下》(154)：[狗] 狗，犬也，謂之殺犬，可。若兩䫥[4]。

【译文】如果狗就是犬，那么说杀狗不是杀犬，就是不对的，理由在于它们是相重合的。“狗是犬”这个陈述是对的，所以，说“杀狗就是杀犬”就是对的。就像树上的两块木瘤。

【校注】①狗，犬也:[注] 狗就是犬。《尔雅》:“犬未成豪曰狗。”狗是小犬。②不:[校] 旧脱，从张纯一校增。③说在重:[注] 理由在于狗和犬之间为二名一实的重同关系。《经下》(140):“知狗而自谓不知犬，过也。说在重。”《经说下》(140):“智狗重智犬，则过，不重则不过。”④䫥(kuì):[注] 木瘤。《广韵》:“腮，肿大也。”[校]高亨校改“两腮”为“蛹、螝”，茧虫的两个别名，可参考。

【概论】举例说明侔式推论在重同关系下为什么是成立的，驳斥中国古代辩者的观点。辩者主张:“狗非犬。”(《庄子• 天下》)以狗之名非犬之名为理由，论证狗之实非犬之实。

155.《經下》(155)：使殷美[①]，説在使。

《經説下》(155):[使]使，令也。[②]戍[③]使戍，戍不殷[④]，亦使戍。殿[⑤]使殿，不美，亦使殿。

【译文】指使人做事，有殷勤和美善的不同，关键在于被指使的事情是必须要有人来做的。指使就是命令某人做某事。某人应该戍守，则指令他戍守。即使他对戍守的事情做得不殷勤，也要指使他戍守。某人应该殿后，则指令他殿后。即使他对殿后的事情做得不美善，也要指使他殿后。

【校注】①使:[注]指使，指令，让人做事。殷:[注]殷勤。美:[注]美善。②使，令也:[校]《道藏》本作“令，使也”，现乙正。③戍:[校]《道藏》本作“我”，从高亨校改。[注]防守。下同。④殷:[校]《道藏》本作“使”，从高亨校改。⑤殿:[校]《道藏》本中该字后有“戈亦”二字，从高亨校删。

【概论】阐述指使是对有责任者发出来的一种命令，不管他做得勤不勤、好不好。

156.《經下》(156)：荆[①]之大，其沈[②]淺也，説在具。

《經説下》(156)：[荆]沈，荆之具[③]也。則沈淺非荆淺也，若易五之一[④]。

【译文】楚国大，而其沈县却很小，因为沈县为楚国所具有。沈县为楚国所领有。所以，沈县小并非楚国就小。就好比交易时用五份东西换一份东西。

【校注】①荆:[注] 楚的别名。②沈:[注] 楚县名。在今河南固始，临皖。③具:[校]《道藏》本作“贝”，从吴毓江校改。吴毓江说:“陆本、茅本、绵眇阁本、堂策鉴本、宝历本均作具。”④若易五之一:[注] 好比交易时的五分之一。

【概论】阐述整体不一定具有部分所具有的属性。侔式推论在整体与部分的关系下不成立。

157.《經下》(157):以楹[①]爲摶[②]，於以爲[③]無知也。說在意[④]。

《經說下》(157):[以] 楹之摶也，見之，其於意[⑤]也不易，先智。意，相[⑥]也。若楹輕於秋[⑦]，其於意也洋[⑧]然。

【译文】以为楹柱都是圆柱形的，这种“以为”还不算是知识，因为这还只是一种臆测。如果某根楹柱是圆柱形的，我们亲眼看到了，那么这种判断就不会轻易改变，就算是先前已经知道了。臆测就是想象，例如，想象楹柱比秋蒿还轻，这种臆测就是茫然无据的。

【校注】①楹:[校]《道藏》本作“楹”，从孙诒让、曹耀湘校改。孙诒让、曹耀湘曰:“楹当为楹。”杨保彝云:“经说作楹。”②抟（tuán）:[注] 圆柱形。③以为:[注] 主观想象，并非必然性的推论。④意:[注] 臆测，猜想，想象。《大取》:“知与意异。”⑤意:[注] 意识、判断。《小取》:“以辞抒意。”⑥相:[注] 同“象”。《韩非子·解老》:“故诸人之所以意想者，皆谓之象也。”⑦秋:[注] 这里指一种蒿类植物。⑧洋:[注] 通“茫”。

【概论】论臆测也就是想象，其可靠性比经验认识要低得多。

158.《經下》(158):意[①]未可知，說在可用、過仵[②]。

《經說下》(158):段[③]、椎[④]、錐[⑤]，俱事於履[⑥]，可用也。成繪履過椎，與過椎成繪屨同[⑦]，過仵[⑧]也。

【译文】意图是很难知道的，因为有很多工具可用、工具流程可以先后交错。砧石、锤子和锥针都可用来做鞋子，这叫作有很多工具可用。先上鞋、后锤平，或者先锤平、后上鞋，都可以，这叫作工艺流程可以先后交错。

【校注】①意：[注] 指意念，意图。②仵：[注] 参差交互、违背忤逆、抵牾不同。③段：[注] 段石，砺石，椎物所垫之石。《说文》云："毛曰：碫，段石也。郑曰：段石所以为段质也。古本当如是。"④椎：[注]通"锤"，棒槌。《说文》："椎，击也。"⑤锥：[注] 穿刺工具。《说文》："锥，锐也。"⑥屦（lǚ）：[注] 同"屦（jù）"，麻、葛等制成的鞋。《说文》："履，古曰屦。"⑦过椎成绘屦同：[校]《道藏》本作"成椎过绘屦同"，从李渔叔校改。⑧仵：[校]《道藏》本作"件"，形似而误，据《经》校正。

【概论】阐述完成一件事，可以有多种可能的方式或途径。

159.《經下》(159)：一少於二①而多於五②，說在建住③。

《經說下》(159)：[一] 五有一焉④，一有五焉⑤。十，二焉。⑥

【译文】一比二少但却比五多，原因在于前者说的是用元素来建立集合，后者说的是在集合中住入元素。五个手指头可以构成一只手这个集合，一只手这个集合可以包含五个元素。十个手指头可以构成两只手。

【校注】①一少于二：[注] 一个集合少于二个集合。②多于五：[注] 指"一多于五"，即在一个集合中住入一个元素的次数，多于住入五个元素的次数。③建住：[注] 建立集合与住入元素，从沈有鼎、孙中原说。[校] 孙诒让改"建"为"进"，改"住"为"位"并属下一条，不确。曹耀湘、高亨不改"建"但改"住"为"位"，姜宝昌同意这样的看法，或者将"建住"改为"进位"，均不确。④五有一焉：[注] 如五个手指头所构成的集合有一个。⑤一有五焉：[注] 如一只手这个集合中要住入的元素有五个。⑥十，二焉：[注] 十个手指头可以构成二个"五"的集合。

【概论】阐述"合同"关系中集合体与个体之间的关系。

160.《經下》（160）：非半[①]，弗斱[②]則不動，説在端[③]。

《經説下》（160）：［非］斱半，進前取也，前則中無爲半，猶端也。前後取，則端中也。斱必半，無與非半[④]，不可斱也。

【译文】无所谓半，这捶不斫它就不动，因为每一斫取都可得端点。斫半的方式有三种。第一是进前取，从捶的任一端向前节节斫取，进取之中，每进一节，是另一节的端，没有一节是捶的半。第二是前后取，从捶的两端同时斫取，所取各节，没有一节是捶的半，取到中心时，乃是前后节的各一端。第三是斫必半，从捶的中点斫而为二，再将二斫为四为八，递次增加，形成无数的半，但实际上没有一节是这捶的半，可见不能斫半。

【校注】①非半：［注］不是半。《玉篇》："非，不是也。"《庄子·天下》载辩者之言："一尺之捶，日取其半，万世不竭。"成玄英注："捶，杖也。取，折也。"捶即杖。第一天，剩 1/2 尺；第二天，剩 1/4 尺；第三天，剩 1/8 尺；第 n 天，剩 $1/2^n$ 尺。当 $n\to\infty$ 时，$1/2^n$ 接近于 0，但永远也不等于 0。②斱：［注］同"斫"，砍断。《玉篇》："斱，破也。"《说文》："斫，斩也。"③端：［注］点，端点。《经上》（62）："端，体之无序而最前者也。"④无：［校］《道藏》本作"毋"，现改正。无与非半：［注］不能再做取半的操作。

【概论】对中国古代辩者所主张的物质无限可分理论提出疑问。在辩者看来，一尺之捶是有限的物体，却包含着无限的成分。该说法假设了物质无限可分的定理，物质在数学上无限可分。墨家则认为，"取半"的分割不能无限下去，最后会剩下一个不能取半的"不动"的"端"即点。此乃物理上的"一尺之捶"，物理上是不能无限可分的。在墨家看来，辩者实质上将"一尺之捶"概念的物理含义与数学含义混为一谈了。

161.《經下》（161）：可無也，有之而不可去，説在嘗然[①]。

《經説下》（161）：可無也。已然[②]則嘗[③]然[④]，不可無也。

【译文】事物对象可以说“无”即没有了，但事物对象只要是曾经存在过的就不能否定它，理由就在于它曾经存在过。事物对象可以说“无”即没有了。但既然事物对象已经存在，那就是曾经有过，就不能否定它的存在。

【校注】①尝然：[注] 曾经如此。《广韵》：“尝，曾也。” ②④然：[校]《道藏》本作“给”，从孙诒让校改。③尝：[校]《道藏》本作“当”，从孙诒让校改。

【概论】某物虽然当下已经不存在，但因为过去曾经存在过，所以其存在性是不可抹杀的。驳斥中国古代辩者的观点。辩者主张“孤驹未尝有母”（《庄子·天下》）的论题，认为孤驹未曾有过母亲。但是凡驹皆为母所生，所以孤驹应该曾经是有母亲的。辩者的错误在于将曾经有但后来没有了的“无”，偷换成了从来都没有的“无”（未尝有）。

162.《經下》（162）：正①而不可擔②，說在摶③。

《經說下》（162）：[正] 丸④，無所處而不中縣⑤，摶也。

【译文】正球体圆转不定，原因在于它是圆球形的物体。圆球形的物体的重心方向，随处都与自上而下悬挂垂线的标准相符合。

【校注】①正：[校]《道藏》本作“缶”，现改正。[注] 指正球体。②担：[注] 通“憺”，定，稳定。[校] 孙中原校“担”为“倚”，无据。③抟（tuán）：[校]《道藏》本作“慱”，从顾实校改。[注] 这里指圆球形的物体。④丸：[校]《道藏》本作“九”，从孙诒让校改。[注] 指圆形物体。⑤县：[注] 即“悬”，垂线。《法仪》：“正以悬。”

【概论】阐述圆球体运动的规律。

163.《經下》（163）：宇進無近遠①，說在敷②。

《經說下》（163）：[宇] 傴不可偏舉宇也③。進行者，先敷近，後敷遠。

【译文】宇宙的迁徙运动没有绝对的远近，可用人走路来进行说明。一个有限的区域不能遍举无限的宇宙。就一个走路的人来说，他必须先行到近，后行到远。

【校注】①远:[校]《道藏》本无此字，从高亨校增。②敷:[注] 通“步”。下同。③[宇] 伛:[校]《道藏》本作“伛宇”,“宇”为标牒字，从梁启超乙正。伛:[注]“区”的繁文，指一个具体的空间区域。宇:[校]《道藏》本作“字”，从孙诒让校改。[注] 指无限的空间。

【概论】阐述无穷宇宙空间虽然没有绝对的远近，但可以用人走路来加以描述。

164.《經下》(164)：行修[①]以久，説在先後。

《經説下》(164):[行]諸[②]行者，必先近而後遠。遠近[③]，脩也。先後，久也。民行脩必以久也。久，有窮、無窮。[④]

【译文】人们行走一定的空间需要持续一定的时间，理由在于有先后。人走路先走近处后走远处。远近是空间，先后是时间。人行走一定的空间必然需要持续一定的时间。时间包括有穷和无穷两种情况。

【校注】①修:[校]《道藏》本作“循”，从张惠言校改。[注]长。《广雅·释诂》:“修，长也。”《韵会》:“修，长也。”②诸:[校]《道藏》本作“者”，凡也。从吴毓江校改。《大取》:“诸圣人所先。”③遠近:《道藏》本作“遠脩近”，从俞樾校增。④久，有穷、无穷:[校]《道藏》本中，此五字原在《经说下》第161条文末，从孙诒让校移此。

【概论】阐述空间上的距离远近，可以通过时间的长短来衡量。

165.《經下》(165)：一法者之相與也盡類[①]，若方之相合[②]也，説在方。

《經説下》(165)：[一] 方貌盡[③]，俱有法而异，或木或石，不害其方之相合也。盡貌猶方也[4]，物俱然。

【译文】凡是标准或者法度相同的事物都是同类，就像方形的东西都是方类，因为都是方形的。所有方形的东西都属于方类，因为它们都有共同的标准——方形，但彼此之间仍有差异，有的是方木头，有的是方石头，但并不妨碍它们都属于方形。以方形为标准，可以概括所有方形的东西为方类，所有事物的情况都是如此。

【校注】①法：[注] 标准，法度。《经上》(71)："法，所若而然也。" 类：[校]《道藏》本无此字。从孙诒让校增。②合：[校]《道藏》本作"召"，从孙诒让校改。③方貌尽：[注] 凡方形皆归方类。貌：[注] 形貌。尽：[注] 皆。《经上》(43)："尽，莫不然也。"[校] 王引之校"方貌尽"为"方尽类"，不确。④尽貌犹方也：[注]以方形为标准，统括所有方形为方类。[校]王引之校"貌"为"类"，不确。

【概论】阐述类同的基本内容。所有具有相同属性的事物组成相同的类，虽然它们之间都存在着这样那样的差异。

166.《經下》(166)：狂舉[1]不可以知异，說在有不可。

《經説下》(166)：[狂] 牛與馬惟[2]异。以牛有齒、馬有尾，説牛之非馬也，不可。是俱[3]有，不偏有偏[4]無有。曰："牛[5]與馬不類，用牛有角，馬無角，是類不同也。" 若舉牛有角，馬無角，以是爲類之不同也，是狂舉也。[6]猶牛有齒，馬有尾。

【译文】狂举即胡乱列举事物的属性，不能辨别事物之间的差异，理由在于有些性质对于区分事物之间的差异是不正确的。区分牛与马之间的差异，用牛有牙齿、马有尾巴，推出牛不是马，是不正确的。这列举的是二者都有的属性，不是一个有而另一个没有的属性。有人说："牛与马不是一类，用牛有角、马没有角来证明它们不同类。" 如果通过列举牛有角、马没有角来证明它们不同类，这也是狂举。这和列举牛有齿、马有尾的情况类似。

【校注】①狂举:[注] 乱举，胡乱列举。②惟:[注] 独。从李渔叔说。《经传释词》:“惟，独也。”[校]诸家均从孙诒让校改为“虽(雖)”，不确。③俱:[注] 都。④偏:[注] 部分。《经说上》(46):“偏去也者，兼之体也。”⑤牛:[校]《道藏》本作“之”，“之”与“牛”篆文形似而误，从伍非百、谭戒甫校改。⑥若举牛有角，马无角，以是为类之不同也，是狂举也:[注] 牛和马都属于四足类，但牛是偶蹄类，马是奇蹄类。区分事物对象，必须列举本质上的差异。[校] 伍非百在“若”后增“不”字，孙诒让将“不同”中的“不”作为衍文删除，均不确。

【概论】阐述应该如何通过列举属性来区分事物对象。

167.《經下》(167)：牛馬之非牛，與可之[①]同，説在兼[②]。

《經説下》(167)：“或不非牛或非牛[③]而非牛也，可，則或非牛或牛而牛也，可。故曰：牛馬非牛也，未可，牛馬牛也，未可[④]。”則或可或不可[⑤]。而曰“牛馬非牛也，未可。[⑥]牛馬牛也，未可”亦不可[⑦]。且牛不二，馬不二，而牛馬二。則牛不非牛，馬不非馬，而牛馬非牛非馬，無難。

【译文】“牛马中有不是牛的部分”这个事实和“牛马不都是牛”这个命题为真是相同的，其理由在于“牛马”是一个集合。（难者说）如果因为牛马中有是牛有不是牛而说“牛马不是牛（牛马都不是牛）”可以成立，则因为牛马中有不是牛有是牛而说“牛马是牛（牛马都是牛）”也可成立，所以说“牛马不是牛（牛马都不是牛）”不能成立，“牛马是牛（牛马都是牛）”也不能成立。然而（我方认为），“牛马不是牛（牛马不都是牛）”和“牛马是牛（牛马都是牛）”之间，必然是一个成立一个不能成立的。所以，说“牛马不是牛（牛马不都是牛）不能成立”，又说“牛马是牛（牛马都是牛）不能成立”，也是不能成立的。而且牛不是集合，马不是集合，但牛马是集合。所以，牛是牛，马是马，但牛马不是牛也不是马。这没有什么不好理解的。

【校注】①可之：[注] 指“牛马牛也”的命题。②兼：[注] 兼名，整体集合概念。③或非牛：[校]《道藏》本无此三字，从沈有鼎校增。④牛马非牛也，未可，牛马牛也，未可：[注] 难者进一步用归谬法否定“牛马非牛也”，也否定“牛马牛也”的命题。⑤或可或不可：[注] 一可一不可。墨家把“牛马”理解为整体集合概念，而牛和马都是其中的元素。所以，“牛马非牛也”（并非牛马都是牛）与“牛马牛也”（所有牛马都是牛）两个命题之间为矛盾关系，二者不能都是真的，即不能都“可”，即或可或不可，所以，墨家以“牛马非牛”为可，而以“牛马牛也”为“不可”。⑥牛马非牛也，未可：[校]《道藏》本无此七字，从高亨校增。⑦亦不可：[注] 墨家认为，“牛马非牛也”（并非牛马都是牛）与“牛马牛也”（所有牛马都是牛）两个命题之间为矛盾关系，二者不能都是假的，即不能都“未可”，从而推翻了难者用归谬法得出的“牛马非牛”为“未可”的结论。

【概论】阐述“合同”中整体集合与元素之间的关系。

168.《經下》(168)：彼此彼此[①]與彼此同[②]，説在异[③]。

《經説下》(168)：[彼] 正名[④]者，彼此。彼此可：彼彼止於彼，此此止於此[⑤]。彼此不可：彼且此也[⑥]。彼此亦可：彼此止於彼此。若是而彼此也，則彼亦且此此也。

【译文】彼此彼此（集合名）和彼此（元素名）的情况相同，理由在于它们是异中的同（集合名和元素名的正名情况相同）。正名就是要把彼和此区别开来。彼此可以是这样的：彼只能指彼（牛只能指牛），此只能指此（马只能指马）。彼此不可以是这样的：指彼又指此（指牛又指马）。彼此还可以是这样的：彼此只能指彼此（牛马只能指牛马）。如果是像这样的彼此（集合），则彼也可以指这个此（都是构成集合的部分）。

【校注】①彼此彼此：[校]《道藏》本作“循此循此”，现改正。梁启超校改为“彼彼此此”，可参考。②同：[注] 据《经说》，“彼此彼此”为“可”，“彼此”亦为“可”，所以，这里说“同”。③异：[注]“彼此彼此”中的“彼此”是作为“合同”中的整体集合来说的，而通常的“彼此”则不是作为整体集合来说的。④正名：[注] 把概念搞准确。⑤彼彼止于彼，此此止于此：《公孙龙子·名实论》：“彼彼止于彼，此此止于此，可。”⑥彼且此也：《公孙龙子·名实论》：“彼此而彼且此，此彼而此且彼，不可。”

【概论】阐述正名的基本原则和方法。

169.《經下》(169)：唱和同患[①]，説在功[②]。

《經説下》(169)：“唱無過，無所用[③]，若稗[④]。和無過，使也，不得已。”唱而不和[⑤]，是不學也。智少而不學，功[⑥]必寡。和而不唱，是不教也。智多[⑦]而不教，功適息。使人奪人衣，罪或輕或重。使人予人酒，功[⑧]或厚或薄。

【译文】犯罪过程中的主犯和从犯都同样有罪过，因为双方都发挥了实际功效。“主犯作为指使者没有过错，因为自己没有亲自起作用，犹如田中的稗草没有实际效用一样。从犯作为被指使者也没有过错，因为他们的行为仅仅是被指使的，是被迫不得已的行为。”教师唱而学生不和，是学生不肯学习。学生知识少却不肯学习，教育的功效必然寡少。学生和而老师不唱，是教师不肯教。教师智慧多但不肯教，教育的功效就会等于零。指使人去抢夺别人的衣服，指使者和被指使者的罪过有轻有重。指使人去敬别人酒，指使者和被指使者的功劳有厚有薄。

【校注】①唱和：[注] 本来是指歌唱时此常唱和，这里则指刑事诉讼案件中的主犯（指使者）和从犯（被指使者）。《说文》：“唱，导也。”《广韵》：“和，声相应。”患：[注] 祸患，过错，罪责。《玉篇》：“患，祸也。”②功：[注] 功效，作用。《经上》(35)：“功，利民也。”③用：[校]《道藏》本作“周”，从孙诒让校改。④稗：[注] 稻田中的稗草。⑤唱而不和：[注] 以教学过程中教者和学者各自的作用打比方来说明问题。⑥功：[校]《道藏》本无此字，从杨保彝、高亨校增。张纯一主张不增加“功”字，可参考。⑦多：[校]《道藏》本无此字，从孙诒让校增。⑧功：[校]《道藏》本无此字，从梁启超、高亨校增。谭戒甫主张应该增加的不是“功”字而是“义”字，可参考。

【概论】阐述主犯和从犯之间有“异”也有“同”。

170.《經下》（170）：聞所不知若所知，則兩知之，說在告。

《經說下》(170)：[聞]在外者所知也，在室者所不知也①。或曰：“在室者之色，若是其色。”是所不知②若所知也。猶白若黑也，誰勝？是若其色也，若白者必白。今也知其色之若白也，故知其白也。夫名③以所明正所不知，不以所不知疑所明。若以尺度所不知長。外，親知也。室中，說知也。

【译文】听到不知道的正如知道的一样，那么知道的和不知道的就都知道了，推论的理由在于有人告知。室外之物的情况是知道的，室内之物的情况是不知道的。有人说：“室内之物的颜色像室外之物的颜色一样。”这种所不知道的情况就正如所知道的情况一样。就像有白有黑，究竟是白的还是黑的呢？这就要看像什么样的颜色。如果像白的，则一定是白的。现在知道它的颜色像白的，所以知道它是白的。名学就是要用已知的来确定不知道的，而不是用所不知道的去怀疑已知的。就像用尺子去量度不知道多长的东西。对于室外之物，可以亲知；对于室内之物，则需要通过推理才能得到。

【校注】①在外者所知也，在室者所不知也：[校]《道藏》本作“在外者所不知也”，从梁启超校改。②知：[校]《道藏》本作“智”，现改正。下同。③名：[注] 名学。

【概论】阐述推理的本质是从已知得出未知。

171.《經下》（171）：以言爲盡誖，誖①，說在其言②。

《經説下》(171):[以] 誖，不可[3]也。之人[4]之言可，是不誖，則是有可也。之人之言不可，以當[5]必不審[6]。

【译文】认为"一切言论都是错误的"是错误的，因为这句话本身也是言论。"誖"就是不正确。如果这个人的这句话（即"言尽誖"）正确而不誖，则至少有一句话是正确的（因为此言是正确的，并非尽誖）。如果这个人的这句话（"言尽誖"）不正确，则认为它符合事实，则一定是你没有考察清楚。

【校注】①誖:[注]错误，违背事实。②说在其言:[注]理由在于"言尽誖"这句话本身也是言论。③不可:[注] 不成立。④之人:[校]《道藏》本作"出入"，从孙诒让校改。⑤当:[注] 合乎事实。《经上》(75):"辩胜，当也。"⑥审:[注] 深究。《类篇》:"审，知也。"[校] 孙诒让校"审"为"当"，可参考。

【概论】论"言尽誖"这句话的悖谬性。

172.《經下》(172):惟吾謂非名也[1]，則不可，説在仮[2]。

《經説下》(172):[惟] 謂是霍可，而猶之非夫霍也[3]。謂彼是[4]是也，不可，謂者毋惟乎其謂。彼猶惟乎其謂，則吾謂不行。彼若不惟其謂，則無[5]不行也。

【译文】我所说的名只能指称我所说的实，如果不是指的私名，就不能成立，理由在于可以从非私名的情况来考察。说这个鹤，是可以的，就像说不是那个鹤一样。但是说彼此都是此，这是不可以的，因为所称谓的不能仅指称所说的实。对方要是承认他所说的名仅仅指称他所说的实，那么我所说的名就行不通。对方如果不坚持他所说的名仅仅指称他所说的实，那么我所说的名就行得通了。

【校注】①惟吾谓:[注]我所说的名仅指称我所说的实才是正确的。惟:[注]仅、单、只。谓:[注] 称谓。《公孙龙子·名实论》:"其名正，则惟乎其彼此焉。谓彼而彼不惟乎彼，则彼谓不行。谓此而此不惟乎此，则此谓不行。""故彼彼当乎彼，则惟乎彼，其谓行彼。此此当乎此，则惟乎此，其谓行此。”名：[注]私名，从沈有鼎说。②仮：[注]同“反”，从孙诒让说。③霍：[注]通“鹤”。是霍：[注]这个鹤。夫霍：[注]彼鹤，那个鹤。④彼是：[注]彼此。⑤无：[校]《道藏》本无此字，从高亨校增。

【概论】阐述名的指称问题。与第168条相呼应。

173.《經下》(173)：無窮不害兼①，說在盈②否。

《經說下》(173)：[無]“南者③有窮則可盡，無窮則不可盡。有窮無窮未可智，則可盡不可盡④未可智。人之盈之否未可智，而必人之可盡不可盡亦未可智。而必人之可盡愛也，誖⑤。”人若不盈無⑥窮，則人有窮也。盡有窮，無難。盈無窮⑦，則無窮盡也。盡有窮⑧，無難。

【译文】空间的无穷不妨害兼爱，论证的理由分人充满或不充满两种情况。难者说“南方有穷就可以尽爱，无穷就不能尽爱。有穷无穷还不知道，那么能不能尽爱也就不知道。人是否充满整个南方还不知道，那么必然人能不能尽爱也就不可知道。然而必然说人是可以尽爱的，显然悖谬”，如果人不充盈无穷的地方，那么人就是有穷的。尽爱有穷的人，没有困难。如果人允盈整个无穷的地方，那么无穷也就被穷尽了。尽爱有穷的人，没有困难。

【校注】①无穷：[注]指空间与人数的无穷。害：[注]妨害。兼：[注]指兼爱。②盈：[注]充盈，充满。③南者：[注]指南方，代指整个空间。《庄子·天下》：“南方无穷而有穷。”④不可尽：[校]《道藏》本中此三字后重复“不可尽”三字，从毕沅校删。⑤誖：[注]违背，错误。《说文》：“誖，乱也。”《玉篇》：“誖，逆也。”⑥无：[校]《道藏》本作“先”，从孙诒让校改。⑦盈无穷：[注]人充盈于无穷的空间。⑧有穷：[校]谭戒甫改“有穷”为“无穷”，不必也不确。

【概论】空间的无穷性不妨害兼爱的实行。

174.《經下》（174）：不知其數而知其盡也[①]，説在問[②]者。

《經説下》（174）：［不］不[③]智其數，惡智愛民之盡之[④]也？或者遺乎其問也。盡問人，則盡愛其所問。若不智其數而智愛之盡之[⑤]也，無難。

【译文】不知道人的数目，但可以知道能尽爱所有的人，关键在于问题本身。对方说：“既然不知道人的数目，又怎么知道能尽爱所有的人呢？”难者可能是失问了。他问遍所有的人，我就可以爱遍他所问的每一个人。如果不知道确实的人数，却知道能尽爱所有人，也就没有什么困难了。

【校注】①其数：［注］指人的数量。尽：［注］尽爱，兼爱。②问：［校］《道藏》本作“明”，从孙诒让校改。③不：［校］《道藏》本作“二”，从曹耀湘校改。④⑤尽之：［校］《道藏》本作“尽文”，从孙诒让校改。

【概论】人的数量的无穷性不妨害兼爱的实行。涉及无穷数的一一对应问题。

175.《經下》（175）：不知其所處[①]，不害愛之，説在喪子者[②]。

【译文】不知道某人的处所，不妨害爱他，比如失去了儿子的人。

【校注】①处：［注］居、所。《玉篇》：“处，居也。”《集韵》：“处，所也。”②丧子者：［注］亡失孩子的父母。

【概论】用反例驳斥“爱人必须知道其处所”的全称命题。进一步阐述空间的无穷性不妨害兼爱的基本观点。

176.《經下》（176）：仁義之爲内外也誖[①]，説在仵顔[②]。

《經説下》（176）：［仁］仁，愛也。義，利也。愛利，此也。所愛所利，彼也。愛利不相爲内外，所愛利亦不相爲外内。其爲[③]仁内也，義外也，舉愛與所利也，是狂舉[④]也。若左目出，右目入。

【译文】把仁和义说成是有内外的区分，是悖谬的，这就如同把人的面部器官的作用搞乱了。仁的实质是爱人。义的实质是利人。爱人之心和利人之心，是主观的东西。所爱的对象和所利的对象，是客观的东西。既然爱利之心不能分为外在和内在的，那么所爱的对象和所利的对象，也不能分为外在的和内在的。对方说仁是内在的而义是外在的，这是将爱的主观方面和利的客观方面相提并论，犯了狂举的错误。就好像说左眼是管输出形象的，而右眼是管输入形象的一样荒谬。

【校注】①内外：[校]《道藏》本作“外内”，现改正。詩：[校]《道藏》本作“内”，从沈有鼎校改。②仵颜：[注]把面部器官的作用搞乱。仵：[注]逆，违反。《说文》：“牾，逆也。”牾、忤、仵，三字古通。颜：[注]颜面，面部。③为：[注]通“谓”。④狂举：[注]胡乱列举不符实的名。

【概论】驳斥告子所主张的“仁内义外”悖谬。《孟子• 告子上》：“告子曰：‘食、色，性也。仁，内也，非外也；义，外也，非内也。’孟子曰：‘何以谓仁内义外也？’（告子）曰：‘彼长而我长也，非有长于我也；犹彼白而我白之，从其白于外也，故谓之外也。’（孟子）曰：‘异于白马之白也，无以异于白人之白也。不识长马之长也，无以异于长人之长与？且谓长者义乎？长之者义乎？’（告子）曰：‘吾弟则爱之，秦人之弟则不爱也，是以我为悦者也，故谓之内。长楚人之长，亦长吾之长，是以长为悦者也，故谓之外也。’（孟子）曰：‘耆（嗜）秦人之炙，无以异于耆吾炙，夫物则亦然者也，然则耆炙亦有外欤？’”

177.《經下》（177）：學之益[①]也，説在誹[②]者。

《經説下》（177）：學也，以爲不知學之無益也，故告之也，是使智學之無益也，是教也。以學爲無益也教，詩[③]。

【译文】学习是有益处的，理由从批评者的言行中就可以得到证明。认为别人不知道“学习没有益处”，所以就告诉他，使他知道“学习没有益处”，这就是教别人去学东西。认为“学习没有益处”，又去教别人（去学习），这是悖谬的。

【校注】①学之益:［注］指“学习是有益处的”这一命题，墨家在这里将一个命题简化为一个概念或语词来表达。②诽:［注］批评。《经上》(30):“诽，明恶也。”③誖:［注］违背，错误。

【概论】驳斥“学无益”悖谬。

178.《經下》(178)：誹之可否，不以[①]衆寡，説在可非[②]。

《經説下》(178):［誹］論[③]誹之可不可以理。之可誹，雖多誹，其誹是也。其理不可非，雖少誹，非也。今也謂多誹者不可，是猶以長論短[④]。

【译文】可不可以批评，不依次数的多少为标准，理由在于有可非之处。讨论批评是可以还是不可以的，要按理来看。按理可以批评，虽然批评得多，这种批评还是对的。按理不可以批评，虽然批评得少，这种批评也该反对。现在有些人说批评得多就不对，就好像是以长度为标准，认为长的就是对的而短的就是错的。

【校注】①以:［注］依，按。②可非:［注］可非之处，可非议的地方。③［诽］论:［校］《道藏》本作“论诽”，从曹耀湘乙正。④以长论短:［注］指主张以长度为标准，认为“凡长的都好，而短的都不好”的荒谬逻辑。

【概论】论批评和批判的理由。

179.《經下》(179)：非誹者誖[①]，説在弗非[②]。

《經説下》(179)：不[③]誹，非己之誹也。不非誹，非[④]可非也。不可非也，是不非誹也。

【译文】反对（一切）批评是悖谬的，因为不能反对。反对一切批评，将自己的批评也反对了。不反对（一切）批评，人有错误才可能被反对。倘若人有错误是不可反对的，你也就不可反对一切批评了。

【校注】①誖：[校]《道藏》本作"谆"，从张惠言校改。[注]悖谬。非：[注]反对。诽：[注]批评。《经上》(30)："诽，明恶也。"②弗非：[注]指批评是不应该反对的。弗：[注]不。③不：[注]非。④非：[注]错误。

【概论】驳斥"非诽"悖谬。坚持批评和批判性思维的精神。

180.《經下》(180)：物甚[①]不甚，説在若是[②]。

《經説下》(180)：[物]甚長甚短，莫長於是，莫短於是。是之是也，非是也者，莫甚於是。

【译文】说某物"甚如何""不甚如何"，是在其他事物与这个事物相比较的意义上说的。说某物"甚长"，是说在一定范围内没有比此物更长的了；说某物"甚短"，是说在一定范围内没有比此物更短的了。说"某物甚如何"，指没有比此物更如何的；说"某物不甚如何"，指有比此物更如何的。

【校注】①甚：[校]《道藏》本作"箕"，从俞樾校改。[注]极，很。《集韵·沁韵》："甚，过也。"②若：[注]如，比较，比拟。是：[注]这，这个。

【概论】论事物的比较级和相对性。

181.《經下》(181)：取下以求上也，説在澤[①]。

《經説下》(181)：[取]高下以善不善爲度[②]，不若山澤。處下善於處上，下所謂[③]上也。

【译文】用采取居下位的手段以求取居上位的目的，可以用水泽来加以说明。在社会生活中的地位高下是以善还是不善来度量的，不像山泽（以空间的高低为标准来度量）。处下位比处上位还好的说法，是把某种意义上的"下"说成"上"了。

【校注】①泽：[注]水泽。《释名·释地》："下而有水曰泽。"②高下：[注]

即上下。度：[注] 衡量的法、标准。《法仪》："百工从事皆有法所度。" ③谓：[校]《道藏》本作"请（請）"，从孙诒让校改。

【概论】论高下的相对性与绝对性。批判性地解释老子的言论。《老子》第八章："上善若水。"《老子》第六十六章："江海所以能为百谷王者，以其善下之，故能为百谷王。是以欲上民必以言下之，欲先民必以身后之。"

182.《經下》(182)：是是與是同，説在不州①。

《經説下》(182)：[是] 不②是，則是且是焉。今是久③於是，而不於是，故是不久。是不久，則是而亦④久焉。今是不久於是，而久於⑤是。故是久⑥與是不久同説也。

【译文】这个"是"（将来还是"是"）与"是"（将来变成"不是"）就现在都是"是"这一点来说是相同的，没有什么差别。将来虽然变成了"不是"，但现在的"是"还是"是"。现在这个"是"已经维持很久了，于是不再是"是"而变成"不是"，所以现在这个"是"又有其"不久"的一面。现在这个"是"虽然有其"不久"的一面，但就现在来说，这个"是"仍有其相对长久的一面。现在这个"是"不能长久维持其为"是"，但是又在一定的限度内长久地维持了这个"是"。所以，现在这个"是"是长久的，与现在这个"是"是不长久的，同样可以成立。

【校注】①州：[注] 差别。《广雅·释言》："州，殊也。" ② [是] 不：[校]《道藏》本作"不是"，现乙正。③久：[校]《道藏》本作"文"，从高亨校改。孙诒让将"文"校勘为"之"，可参考。下同。④亦：[校]《道藏》本作"不"，从高亨校改。⑤于：[校]《道藏》本作"与"，从高亨校改。⑥是久：[校]《道藏》本作"文"，从高亨校改。

【概论】论事物情况的相对性和绝对性，讨论异中之同，同类之同。与第161条呼应。

第三章 《大取》译注

导语：本部分着重通过行为推理与“三物”逻辑来阐述墨家的兼爱平等思想。这种行为推理主要是关于“志功为辩”即辨别动机与效果的关系的推理，而“三物”逻辑则是关于论证成立的“故”“理”“类”三个要件的探索。

1. 天之愛人也，薄於聖人之愛人①也；其利人也，厚於聖人之利人也。大人②之愛小人③也，薄於小人之愛大人也；其利小人也，厚於小人之利大人也。以臧④爲其親也而愛之，愛⑤其親也；以臧爲其親也而利之，非利其親也。以樂爲利其子，而爲其子欲之，愛其子也；以樂爲利其子，而爲其子求之，非利其子也。

【译文】上天爱人好像比圣人爱人要薄，但上天施给人的利益却要比圣人施给人的利益要厚重。王公大人爱平民百姓，比平民百姓爱王公大人要薄，但王公大人施利给平民百姓，比平民百姓施利给王公大人要厚重。把臧当作自己的父母去爱他们，这确实是对父母爱的表现；把臧当作自己的父母去做他们有好处的事，其实他们的父母并没有得到实际的利益。以为学习音乐对子女有好处而想为其子女去求取音乐，这是爱子女的表现；以为学习音乐对子女有利而为他们去求取，其实音乐对其子女并没有实际的好处。

【校注】①薄于圣人之爱人：［注］张纯一：“天之爱人无迹，不若圣人爱人之易知。然天之利人，无方量、无时量。”张之锐：“天地无心爱人，而所利者大，故薄于圣人之爱人，而厚于圣人之利人。”［校］谭戒甫改“薄”为“溥”，取“博”意；吴毓江校“薄”为“博”，可参考。②大人：[注] 指统治者、君子。③小人：[注] 指被统治者、下民、平民百姓。④臧：[注] 男仆。⑤爱：[校]《道藏》本中此字前有“非”字，从孙诒让校删。

【概论】阐述爱与利，即主观动机与实际效果的不对应性。上天对人的爱通常无迹或少迹可寻，但上天所给予人的好处却是非常厚重的。其中体现了墨家兼爱、天志、非乐等主张。

2. 於所體①之中，而權②輕重之謂權。權非爲是也，亦③非爲非也。權，正④也。斷指以存擥⑤，利之中取大，害之中取小也。害之中取小也，非取害也，取利也。其所取者，人之所執也。遇盜人，而斷指以免身，利也；其遇盜人，害也。斷指與斷腕，利於天下相若，無擇也。死生利若⑥，一⑦無擇也。殺一人以存天下，非殺一人以利天下也；⑧殺己以存天下，是殺己以利天下。於事爲之中，而權輕重之謂求。求爲之，非也。害之中取小，求爲義，非爲義也。

【译文】在所体认的事理之中衡量它们的轻重就叫作权。权并不是为了是，也不是为了非，权是为了把是非利害的关系处理得适当。砍断手指以保全手腕，这是在利益中选取大的，在祸害之中选取小的。在祸害之中选取小的，并不是选取祸害，而是选取利益，因为他所选取的，是被他人所执持的。遇到强盗而砍断手指使身体免受伤害，这是选取大利；但遇到强盗，则是害。砍断手指和砍断手腕，如果对天下的利益是相等的，那就没有什么可选择的了。个人的死或生如果对天下的利益是相等的，那也没有什么可选择的了。通过杀死一个人以保全天下，并非杀死一个人就是有利于天下之方；而牺牲自己以保全天下，则是牺牲自己而利天下之道。在所做的事情中来权衡轻重叫作谋求。谋求，所做的就是错事。在两害之中选取小害，谋求做正义的事，却并不是在做正义的事。

【校注】①体：[注]部分，体现，体认。②权：[注]秤，秤锤，称量，权衡，考量。[校] 孙诒让在“权”字后加一“其”字，可参考。③亦：[校]《道藏》本中作“非”，从孙诒让校改。④正：[注] 正确。⑤孯：[注]“腕”的正字。[校]《道藏》本中作“𦥒”，从孙诒让校改。⑥利若：[注] 上句“利于天下相若”之省。⑦一：[注] 皆。《经传释词》卷三：“一，犹皆也。”⑧杀一人以存天下，非杀一人以利天下也：[注] 虽然杀死一人可以使得天下得以保存，但天下人之中已有一人被杀，所以，不能说杀死一个人就是有利于天下的。这里可能意味着，牺牲精神并非可以推广到每一个人，因为人与人的价值观并非完全相同。

【概论】阐述在权衡利与害的关系问题时，需要主观意愿与实际功效并重。两利相权取其重，两害相权取其轻，这是普遍的道理，但更重要的是要认识到，两害相权取其轻，并非取害而是取利。当然，如果利或害甚至生或死，对天下人的利益是相等的，则就没有什么可选择的，不过也需要考虑选择者的主观意愿来确定。而两害相权取其轻，虽然是在取利，却也是在做不正义的事。墨家在这里所谈论的问题，已经触及到当代伦理学领域中关于“电车难题”的重要论题。

3. 爲暴人語①天之爲②，是也，而性③爲暴人，歌天之爲，非也。諸陳執④既有所爲，而我爲之陳執，執之所爲，因吾所爲也。若陳執未有所爲，而我爲之陳執，陳執因吾所爲也。暴人爲我，爲天之以人，非爲是也，而性⑤不可正而正之。利之中取大，非不得已也；害之中取小，不得已也。於⑥所未有而取焉，是利之中取大也，於所既有而弃焉，是害之中取小也。

【译文】向暴人阐述上天的作为，这是对的，而本性残暴的人，他们歌颂上天的作为，则是错了。各种长期执持的学说主张既然已经有所作为，那我就要按照长期执持的这些学说主张来作为，执持这些学说主张所做的事情，就是我所要做的事情。如果长期执持的学说主张未能有所作为，而我仍然要按照这些长期执持的学说主张来作为，是因为这些长期执持的学说主张就是我所要做的事情。暴人以个人的“为我”为中心，用人来代替天，这是不对的，这种人即使本性不能改正，但也要设法改正他。在利益当中选取大的，并不是不得已；在祸害中选取小的，却是不得已。在所没有害的当中选取利，就是要在利之中选取大的；而在众害并存当中就必须有所舍弃，这就是要以祸害最小的作为选取对象。

【校注】①语：[注] 阐述，论。②天之为：[注] 上天的作为。[校] 孙诒让校“天之”为“天志”，可参考。下同。③性：[注]天性，本性。从张纯一说。④陈执：[注]各种长期执持的旧说主张。陈：[注]指旧规、旧说。执：[注]持，坚持。⑤性：[注] 天性，本性。⑥于：[校]《道藏》本无此字，据下文校增。

【概论】阐述针对暴人这个特殊群体，应该如何权衡主观意愿与实际效果之间的关系。

4. 義可厚，厚之；義可薄，薄之，謂之[1]倫列[2]。德行、君上、老長、親戚，此皆所厚也。爲長厚，不爲幼薄。[3]親厚，厚；親薄，薄。親至，薄不至。義，厚親不稱行而類行[4]。

【译文】道义上可厚爱，则厚爱；道义上可薄爱，则薄爱，这就叫有差别的爱。有德行的、居君位的、年纪长的、至亲爱的，这都应当是厚爱的人。厚爱年长的，但这不能成为薄爱年幼的理由。亲缘关系近的就厚爱，亲缘关系远的就薄爱。血缘关系最亲的，不能给予最薄的爱。这里的道义，就是要厚爱自己的父母，但并不需要称誉其德行，而是要看他是如何对待亲人的。

【校注】①之：[校]《道藏》本无此字，从孙诒让校增。②伦列：[注] 有差等。③为长厚，不为幼薄：[注] 厚爱年长的，却不薄爱年幼的。④不称行：[注] 不称誉其德行。类：[校]《道藏》本作“顾”，从孙诒让校改。

【概论】阐述无差等的爱利观，主张爱有厚薄而无差等，即使厚爱自己的父母，也不需要称誉其德行，而是要看他实际上是怎么对待亲人的。

5. 爲天下厚禹，爲禹也；爲天下厚愛禹，乃爲禹之愛人[①]也；厚禹之爲[②]加於天下，而厚禹不加於天下。若惡盗之爲加於天下，而惡盗不加於天下。愛人不外己，己在所愛之中。己在所愛，愛加於己。倫列之愛己，愛人也。聖人惡疾病，不惡危難。正體不動[③]，欲人之利也，非惡人之害也。聖人不爲其室臧[④]之故，在於臧。聖人不得爲子之事。聖人之法，死亡親[⑤]，爲天下也。厚親，分也，以死亡之，體竭興利[⑥]。厚薄而毋[⑦]倫列，之興利爲己。

【译文】为天下人的利益而厚待禹，这是把厚待的行为施加给了禹。为了天下人的利益而厚爱禹，那是因为禹是爱人的。厚待禹的行为能够对天下人增加好处，而厚爱禹这个人本身并不能对天下人增加好处。就像厌恶盗贼的行为对天下人有好处，而厌恶的是盗贼这种人，并不是厌恶天下人。爱人并不是把自己排除在外，自己也在所爱的人之中。自己既在所爱的人之中，所以爱也施加于自己。有差别地爱自己，也就是爱人。圣人厌恶生病，却不惧怕危难。能端正自己，坚定心志，不为艰难所动摇，这是希望能为人民谋利益，并不是逃避别人所加于的危难。圣人不以为自己的居室可以存储货物，就全心全意地在意财物的收藏。圣人为了替天下人谋取大利，往往不能侍奉在父母左右，以尽人子之孝。圣人的礼法，父母死后应该节葬短丧，从而为整个天下谋取大利。厚待自己的父母，是人子应尽的本分，但父母死后之所以要节葬短丧，是想竭尽自己的力量，为天下人谋求大利。圣人爱人有厚薄却没有差等，其为天下谋取利益的同时也包括自己在内。

【校注】①爱人：[校]《道藏》本作“人爱”，据孙诒让校乙。②为：[校]《道藏》本无此字，从孙诒让校增。③正体：[注] 能端正自己，出入有节。不动：[注] 坚定信心，不为困难所动摇。④臧：[注]“藏”的正字。下同。⑤亡：[注] 通“忘”。死亡亲：[注] 父母过世后节葬短丧。⑥竭：[校]《道藏》本作“渴”。体竭兴利：[注] 竭尽自己的力量为天下人谋求利益。⑦厚薄而毋：[校] 曹耀湘校改为“有厚而毋薄”，可参考。毋：[注] 同“无”。

【概论】阐述以道义为己任的圣人的爱利观，主张虽然圣人为了谋求天下人的大利，不能为自己的居室存储货物、不能尽人子之孝等等，但圣人的爱依然是包括他自己在内的，是平等的无差别的爱的体现。

6. 語經：語經[①]也。非白馬馬[②]，執駒馬説求之無[③]，説非也。魚大之無大[④]，非也。三物必具，然後（辞）足以生[⑤]。

【译文】语经是言语的常经。主张白马不是马，并守着小马推论说没有马，这种推论是错误的。用鱼大之无大作为理由来推论，也是不对的。故、理、类三个要件必须全都具备，然后所要建立的言辞就能够得以推导出来。

【校注】①语经：[注]孙诒让："语经者，言语之常经也。"②马：[校]《道藏》本作"焉"。非白马马：[注]同"白马非马"，从孙诒让说。③执驹马说求之无：[校]《道藏》本作"执驹焉说求之舞"，从谭戒甫校改。孙诒让校注为：坚持"孤驹未尝有母"的说法以求之，可参考。④鱼大之无大：[校]《道藏》本作"渔大之舞大"。[注]一条大鱼，切成小块，其每一个部分都不大。[校]孙诒让校注为"杀狗之无犬"，杀狗不是杀犬，可参考。⑤三物：[注]指故、理、类。（辞）足以生：[校]《道藏》本作"足以生"。

【概论】阐述正确推论的重要性，主张正确的推理必须故、理、类三个要素全具备，比如用小马不是马，或者用鱼大之无大等作为前提来推论白马不是马，都因为没有满足这三个条件，所以都是错误的推论。

7. 臧之愛己，非爲愛己之人也。厚人[①]不外己，愛無厚薄。譽己[②]，非賢也。義，利[③]；不義，害。志功爲辯[④]。有有於秦馬，有有於馬也，智來者之馬也。

【译文】臧的爱自己，并不是因为自己是人类的一员而爱的兼爱。厚爱人并不是不爱自己，兼爱是没有厚薄区分的。赞誉自己，并不是因为贤能。义就是利，不义就是害。它们的分别应该依照主观动机和实际效果是否对天下有利来加以辨别。有人有秦马，就是有人有马，我因此可以断言来的是马。

【校注】①人：[校]《道藏》本无此字，从孙诒让校增。②誉：[校]《道藏》本作“举”。誉己：[注] 赞誉自己。③义，利：[注] 义就是利。《经上》(8)：“义，利也。”《经说上》(8)：“义，志以天下为芬，而能能利之，不必用。”④志功为辩：[注] 依据主观动机和实际效果加以辨别。

【概论】阐述两类正确推论。一类是通过关于兼爱的无差别性的行为推论，需要通过动机与效果的统一性来进行论证。另一类是关于“是而然”的必然性推理，比如，以“有人有秦马”为前提能够必然地得出“有人有马”的结论。

8. 愛衆世與愛寡世相若[①]。兼愛之有[②]相若。愛尚[③]世與愛後世，一若今之世人也。人之[④]鬼，非人也；兄之鬼，兄也。[⑤]天下之利驩[⑥]。聖人有愛而無利，俔日之言[⑦]也，乃客之言也。天下無人，子墨子之言也猶在。

【译文】爱众多人的地区与爱少数人的地区一样。普遍地爱天下人也要一样。爱世上的人和爱后世的人，要和爱今世的人一样。人死为鬼，人的鬼魂不是人；兄长死而为鬼，兄长的鬼魂却是兄长。天下人都因得到利益而喜悦，说圣人只言爱不言利，这是门缝见日的言论，也是一般人的说法。天下即使没有人存在，但我们老师墨翟的言论，是永远不会磨灭的啊！

[注释]①众：[校]《道藏》本作“众众”。众世：[注]指空间大、人多的地区。寡世：[注] 指空间小、人少的地区。②有：[注] 通“又”。③尚：[注] 同“上”。④人之：[校]《道藏》本无此二字，从王引之校增。⑤人之鬼，非人也；兄之鬼，兄也：[注]《小取》篇第 10 条有与此完全相同的推理。⑥驩：[注] 同“欢”。天下之利驩：[注] 天下的人都因为得到利益而欢悦。⑦俔日之言：[注] 门缝见日的言论。《说文》：“俔，譬谕也，一曰间见。”段注“间见”为“若言不可多见而间见之。”吴毓江据此说：“是‘俔见’者，犹如门缝见日，喻所见不

广也”。孙诒让将“伣日”解释为“儒者”，可参考。

【概论】进一步论证兼爱是一种普遍性的主观意愿，不以一定空间中人数的多少而变化，也不因时间的流逝而转移，而且爱利是统一的。

9. 不得已而欲之，非欲之也。専殺臧①，非殺臧也。専殺盗，非殺盗也。凡學，愛人。②小圜之圜③，與大圜之圜同。方不至尺之不至也，與圜不至鐘之不至④不异，其不至同者，遠近之謂也。璜，玉也⑤；是璜也，是玉也。意楹⑥，非意木也，意是楹之木也。意指之人⑦也，非意人也。意獲也，乃意禽也。⑧志功，不可以相從也。⑨

【译文】不得已而要做某事，并不是本来就想这样做。比如不得已而专擅杀了臧，并不是由于本意要杀臧。不得已而杀了盗贼，并不是本意要杀盗贼。凡是学习的对象，都应该具有爱人的本性。小圆的圆与大圆的圆，虽然大小不同，但原理是一样的。方不到一尺的不到和圆不到一口钟的不到，是没有分别的，因为不到是一样的，只不过是远近罢了。正如半圆形的璜是玉做的，圆形的璧也是玉做的。想象柱子，并不是想象木头，只是想象这根柱子的木头。想象指定的人，并不是想象所有的人。但是想象打猎有所收获，就会想到禽。动机和效果不一定恰好一致。

【校注】①专杀臧：[校]《道藏》本无此三字，据王引之校增。专：[注]专司。臧：[注] 奴仆。②凡学，爱人：[注] 凡是学习的对象，即老师，都应该具有爱人的特点，但实际上却不是这样。③圜：[注] 同“圆”。④方不至尺之不至也，与圆不至钟之不至：[校]《道藏》本作“方至尺之不至也，与不至钟之至”，从谭戒甫校改。⑤璜，玉也：[校]此三字《道藏》本无，从孙诒让校增。璜：[注] 半璧，古代的一种礼器。《说文》：“璜，半璧也。”⑥意楹：[注] 想象柱子。意：[注] 通“臆”，度，想象。楹：[注] 柱子。⑦意指之人：[注] 想象指定的这个人。⑧意获也，乃意禽也：[注] 想到打猎有所收获，就会想到禽。⑨志功，不可以相从也：[注] 意愿和效果不一定恰好一致。

【概论】 进一步论证“志功不相从”的情况。一种情况是在非自由意志情况下的“功同志不同”，即实际结果虽然一样但主观动机却不同的情况。另一种情况是“志同功不从”，意愿相同但功效不一样，比如圆的本质规定性是一样的，但其大小却可以不同；方不到一尺的不到与圆不到一口钟的不到本质上是一样的，只是远近不同罢了；半圆形的璜是玉做的，璜和玉的材质是一样的，只是形貌不同罢了。

10. 利人也，爲其人也；富人，非爲其人也[①]。有爲也以富人，富人也，治人有爲鬼焉[②]。爲賞譽利一人，非爲賞譽利人也，亦不至無賞譽[③]於人。智親之一利[④]，未爲孝也，亦不至於不知己爲[⑤]之利於親也。

【译文】 施利益给人，是为着那个人；把爵禄给那个人，使那个人富有，并不是为了那个人。把爵禄给他使他富有，一定是要让他能够治理人事，又能祭祀鬼神。借着奖赏赞誉才能使一个人得利，并不是借着奖赏赞誉而使天下人得利，但也不至于因此不用奖赏和赞誉于人。只知道专利于自己的父母，不能算是孝，但也不至于不知道自己的作为对父母有利。

【校注】 ①富人，非为其人也：[注] 以爵禄使人富有，是希望他能遵道利民，兼爱天下，所以并不是为了那个人。《尚贤上》：“爵位不高，则民弗敬；蓄禄不厚，则民不信；政令不断，则民不畏。举三者授之贤者，非为贤赐也，欲其事之成。”②治人有为鬼焉：[注] 能治理人事，又能祭祀鬼神。有：[注] 通“又”。③无赏誉：[校]《道藏》本作“无贵”，从孙诒让校改。④智亲之一利：[注] 只知道专利于己之亲不能兼利人之亲。智：[注] 通“知”。⑤不知己为：[校]《道藏》本作“智不为己”，现改正。[注] 不知道自己的作为。

【概论】 论动机的不同和所导致的效果的差异，主张只有兴天下之利才是真正的大孝。

11. 知是世[①]之有盗也，盡愛是世；智是室之有盗也，不盡惡[②]是室也。智其一人之盗也，不盡惡是二人[③]；雖其一人之盗，苟不智[④]其所在，不盡惡其弱也[⑤]。

【译文】知道这个世界上有强盗，仍然爱这个世界上所有的人。知道这个屋子里有强盗，并不厌恶这个屋子里的所有人。知道一个屋子的两个人中有一个人是强盗，不能同时厌恶这两个人。虽然知道其中有一个人是强盗，但如果不能确定他的所在，也不能厌恶他的家人。

【校注】①知是世:[校]《道藏》本作“智是之世”，从孙诒让校改。②恶:[校]《道藏》本无此字，据孙诒让校增。③智:[注]通“知”。恶:[校]《道藏》本无此字，据孙诒让校增。二:[校]《道藏》本无此字，据孙诒让校增。④智:[注]通“知”。⑤不:[校]《道藏》本无此字，据上下文意校增。弱:[注]孩童。

【概论】论爱或恶在动机与效果上的非对等性，从功效上来分析兼爱原则的普遍性。

12. 諸聖人所先[①]，爲人效[②]名實，名不必實，實不必名[③]。苟是石也白，敗[④]是石也，盡與白同。是石也唯[⑤]大，不與大同。是有便謂焉也[⑥]。以形貌命者，必智是之某也，焉智某也[⑦]。不可以形貌命者，唯[⑧]不智是之某也，智某可也。諸以居運命者[⑨]，苟入[⑩]於其中者，皆是也，去之，因非也。諸以居運命者，若鄉里齊荆者，皆是。諸以形貌命者，若山丘室廟者，皆是也。

【译文】圣人们首先要做的，就是要确定名称和实际的关系。有名称或概念，未必就有与之对应的实际事物，有实际事物也不必就有名称或概念。譬如这块石头是白色的，我们毁坏了这块石头，它仍旧是白色的。这块石头虽然是大的，但不和大石相同，因为大石之中仍然有大小的不同。这是各依它的便利而称的。用事物形貌来命名的，一定要知道这是某某物，然后才知道它叫某某名。不是用事物的形貌来命名的，虽然不知道这是某某物，但知道它叫某某名就可以了。那些以居住或迁徙地命名的，假如住在或迁入这个地方，就称这个地方为居住之地，离开了这个地方，就马上不称这个地方为居住之地。那些以居住或迁徙地命名的，像乡里和齐国、楚国都是。那些用形貌命名的，像山丘、室庙都是。

【校注】①诸圣人所先:[注]圣人们首先要做的。先:[注]先务。曹耀湘说:“先，犹急也。”②效:[校]《道藏》本作“欲”，从孙诒让校改。③名不必实，实不必名:[校]《道藏》本作“名实不必名”，从曹耀湘校改。④败:[注]破坏。《说文》:“败，毁也。”⑤唯:[注]通“虽（雖）”。⑥是有便谓焉:[注]是各依便利而称的。⑦焉知某也:[注]才知道它叫什么。焉:[注]乃，才。智:[注]通“知”。下同。⑧唯:[注]通“虽（雖）”。⑨诸以居运命者:[注]凡是以居住或迁徙命名的。诸:[注]凡。运:[注]迁徙。《尔雅•释诂》:“运，徙也。”⑩入:[校]《道藏》本作“人”，从孙诒让校改。

【概论】阐述圣人首先要做的就是根据实际来确定名称的使用。比如，白色这种属性对于白石头是本质属性，而大小则是白石头的偶有属性。以形貌命名的则必须有实才有名，不以形貌命名的则不是这样，后者包括以居运命的。考察名称与实际的关系是辩学的重要任务。

13. 智與意异[1]。重同，具同，連同，丘同，鮒同，同類之同，同名之同[2]，同根之同，是之同，然之同[3]。有非之异，有不然之异。有其异也，爲其同也，爲其同也异。一曰乃是而然，二曰乃是而不然，三曰遷，四曰强。子深其深，淺其淺，益其益，尊[4]其尊[5]。次察由、比、因[6]，至優指得[7]。次察聲端，名因，請得[8]。匹夫辭惡者[9]，人有以其請得焉[10]。諸所遺執而欲惡生者[11]，人不必以其請得焉。

【译文】知识与意想是不同的。二名一实的重同，不同的人共同处于一个房间的俱同（合同），不同部分在同一个整体之中的连同（体同），不同事物共处同一区域的“丘同”，不同事物附属于同一个整体的“附同”，不同事物在某一方面具有共同性质的“类同”，不同事物使用同一个名称的“同名之同”，不同论点都符合实际的“是之同”，不同语句都说事物是如此的“然之同”，不同支脉有同一根源的“同根之同”。不符合实际的不同论点的“非之异”，说事物不是如此的不同判断的“不然之异”。事物有不同的一面，恰恰是因为有其相同的一面，正是因为不同是以同为基础的。第一种情况是论证的前提肯定而结论也肯定，第二种情况是论证的前提肯定而结论否定，第三种情况是论证犯有转移论题的错误，第四种情况是论证犯有强词夺理的错误。你首先要该深就深，该浅就浅，该增加就增加，该减少就减少。其次，要明察其学说所以成立的理由，比较相关的学说要义，以及形成的种种原因。再次，考察声教的端绪，名学的终因，实情便可以得知。一个言辞粗俗的平常人，人们可以根据他们的言辞得到实情。而那些因为个人遭遇坚持一种偏见的人，往往感情用事而产生好恶之心，以致对事理乱下论断的人，人们就不一定能从他的言辞中得到真实的情况了。

【校注】①智与意异：[注] 知识与意想不同。智：[注] 通“知”。意：[注] 意想，臆测。②丘同，鲋同，同类之同，同名之同：[校]《道藏》本作“同类之同，同名之同，丘同，鲋同”，依上下文意校乙。鲋：[注] 同“附”。③同根之同，是之同，然之同：[校]《道藏》本作“是之同，然之同，同根之同”，依上下文意校乙。④⑤尊：[注]减损。⑥次察由、比、因：[校]《道藏》本作“察次山比因”，从张纯一校改。由：[注] 根由。比：[注] 比较。因：[注] 原因。⑦得：[校]《道藏》本作“复”，从孙诒让校改。至优指得：[注] 最重要的要旨就可以知道了。至优：[注] 最好，最重要。指：[注] 指归，要旨。⑧请：[注] 通“情”。得：[校]《道藏》本作“复”，从孙诒让校改。声端：[注] 声教的端绪，如尚贤、尚同等。名因：[注] 名学的终因。请得：[注] 能如此墨家兼爱思想的实情便可得而知。⑨匹：[校]《道藏》本作“正”，从孙诒让校改。匹夫：[注] 无学识智谋的寻常人。辞恶：[注] 言辞粗俗。⑩有：[校]《道藏》本作“右”，从孙诒让校改。请：[注] 通“情”，下同。人有以其请得焉：[注] 人们可以从他的言辞中了解实情。⑪诸所遭执而欲恶生者：[注] 那些因为自己的遭遇而执持一种成见产生爱恶的人。

【概论】知识与意见是不一样的，它必须分清事物之间的各种同和异，明确其间的辩证关系，从而把握各种不同的推理及易犯的错误，以及克服这些错误的方法。

14. 聖人之拊瀆[①]也，仁而無利愛。利愛生於慮[②]。昔者之慮也，非今日之慮也；昔者之愛人也，非今之愛人也。愛獲之愛人也，生於慮獲之利。慮獲之利[③]，非慮臧之利也[④]，而愛臧之愛人也，乃愛獲之愛人也。去其愛而天下利，弗能去也。昔之知嗇[⑤]，非今日之知嗇也。貴爲天子，其利人不厚於匹[⑥]夫。二子事親，或遇孰，或遇凶[⑦]，其利親也相若[⑧]，非彼行有益也，非損也[⑨]。外執無能厚吾利者[⑩]。藉[⑪]臧也死而天下害，吾持養臧也萬倍，吾愛臧也不加厚。

【译文】圣人抚育天下人，本于仁而没有私利私爱。私利私爱产生于个人的有所求。从前的思虑，不是现在思虑；从前的爱人，也不是现在的爱人。爱获的这种爱人，是产生于想得到获所贡献的利益。想得到获所贡献的利益，不同于想得到臧所贡献的利益。而爱臧的这种爱人，正如爱获的这种爱人一样。即使去掉爱而能使天下得到利益，也不能去掉。从前知道的节俭，和现在知道的节俭不一样。尊贵到做天子，但利人之心，不一定比一般没有权势地位的人要厚。有两个儿子赡养父母亲，一个遇到丰年，一个遇到荒年，但他们侍奉父母亲的孝心是一样的。这不是因为他们的德行有所加厚，或有所变薄。外在环境不能厚薄我利亲之心。假设臧的死对天下人有害，我侍奉臧一定优厚到万倍，但我爱臧的心并没有加厚。

【校注】①拊渎：[校]《道藏》本作“附渍”，从伍非百、谭戒甫校改。[注]抚育。②虑：[注]求。《经上》（4）：“虑，求也。”③虑获之利：[校]《道藏》本无，从孙诒让校增。获：[注]婢也。《广雅· 释诂》：“获，婢也。”④臧：[注]奴也。《广雅· 释诂》：“臧，奴也。”⑤啬：[校]《道藏》本作“墙”，从俞樾校改。[注] 爱惜，不浪费。⑥匹：[校]《道藏》本作“正”，从顾广圻校改。⑦孰：[注] 即岁熟，指丰年。凶：[注] 即岁凶，指荒年。⑧利：[校]《道藏》本无此字，依上下文意校增。相若：[注]相同。⑨非彼行有益也，非损也：[校]《道藏》本作“非彼其行益也，非加也”，从张纯一校改。[注] 这不是由于他们的德行有所加厚，或有所变薄。⑩执：[注]通“势”，从孙诒让说。外执：[注]外在环境。⑪借：[注] 假如。

【概论】进一步阐述爱利问题上的“志同功不从”现象，主张爱利人之心不会随着外在环境的不同而有厚薄的区分。

15. 長人之與短人之也同[①]，其貌同者也，故同。人之指也與人之首也异[②]，人之體，非一貌者也，故异。將劍與挺劍异。劍，以形貌命者也，其形不一，故异。楊木之木與桃木之木也，同。諸非以舉量數命者，取[③]之盡是也。故一人指[④]，非一人也，是一人之指，乃是一人也。方之一面，非方也；方木之面，方木也。

【译文】高的人和矮的人相同，因为他们的形貌相同，所以相同。人们的手指头和人们的头部不相同，因为人们的身体不是只有一种形貌，所以不相同。将剑和挺剑是不相同的，因为剑是依形状命名的，它的外形不一样，所以不相同。杨树和桃树的形貌是不相同的，但杨树的木和桃树的木从“木”这一点来说是相同的。那些不是以数量举出来命名的事物，把它们取来，全是一样。所以，一个人的手指头并不就是一个人，这里有一个人的手指头，是可以说这里有一个人的。方形的一边，不是方形；方木的一面，却可以说是方木。

【校注】①长人之与短人之也同：[校]《道藏》本作“长人之异，短人之同”，从俞樾校改。[注] 高人和矮人虽有长短之别，但就其形貌而言则是相同的。②人之指也与人之首也异：[校]《道藏》本作“指之人也与首之人也异”。③取：[校]《道藏》本作“败”，从孙诒让校改。④一人指：[注] 一个人的手指头。

【概论】阐述事物情况之间“志同则功同”“志异则功异”的志功不对等的情况。

16. 夫辭[①]以故生，以理長，以類行者也[②]。立辭而不明於其所生，忘[③]也。今人非道無所行，唯[④]有强股肱，而不明於道，其困也，可立而待也。夫辭以類行者也，立辭而不明於其類，則必困矣。

【译文】言辞必须依靠理由才能产生，依据“理”才能够衍生，根据“类”才能成立。立论如果不明白它产生于何种理由，那就是胡言乱语。人们没有道路就无法行走，虽然有强健的四肢，如果不明白路在哪里，那困难立刻就会到来。言辞必须依靠类来推演，建立论题如果不明白所说的类，就一定会碰到困难。

【校注】①夫辞：[校]《道藏》本无此二字，据孙诒让校增。②者也：[校]《道藏》本作“也者”，从孙诒让校乙。③忘：[注] 通“妄”，虚妄、荒诞。④唯：通“虽（雖）”。

【概论】阐明“故理类”三物逻辑思想，主张一个言辞要得到成立，必须故、理、类三个条件都具备，其中的任何一个条件如果不具备，则所要建立的言辞都不能成立。

17. 故浸淫之辭[①]，其類在鼓栗[②]。聖人也，爲天下也，其類在[③]追迷。或壽或卒，其利天下也指若[④]，其類在砥[⑤]石。一日而百萬生，愛不加厚，其類在恶害[⑥]。愛二世[⑦]有厚薄，而愛二世相若，其類在蛇文[⑧]。愛之相若，擇而殺其一人，其類在阬[⑨]下之鼠。小仁與大仁，行厚相若，其類在田[⑩]。凡興利除害也，其類在漏雍[⑪]。厚親不稱行而類行，其類在江上井。不爲己之可學也，其類在獵走。愛人非爲譽也，其類在逆旅[⑫]。愛人之親若愛其親，其類在官敬[⑬]。兼愛相若，一愛相若，一愛相若[⑭]，其類在死蚍[⑮]。

【译文】所以渐次引入陷溺其中的诡辩性言辞，就类似于在鼓动人恐惧。圣人是为了天下而兴利除害的，这类似在救助失路的人，使他们迷途知返。圣人有些长寿，有些短寿，但他们利天下的目的都是一样的，这正如矾石可以染缁一样。一日之中，可以兼爱共生天地之间的上百万个生灵，但对某一个生灵的爱并不会加厚，这正如厌恶祸害不被铲除一样。爱众多人的地区和爱少数人的地区，似有厚薄的分别，但爱他们的心却是相同的，这正如蛇身有纹，但纹纹都是一样的。兼爱世上的人是无差别的，而必须选择杀死其中一人，定是为了替社会除害，正如杀死洞穴里的老鼠，为人类除害是一样的。小仁的人和大仁的人，他们德行的深厚是相同的，正如一小块田和一大块田，虽然收获的多少不同，但都能尽地利是一样的。凡是为人们谋求利益，即包含着革除对人民有害的事物，这正如兴办水利，必须堵塞漏洞，才能防止溃溢是一样的。厚爱自己的父母，不能一味地称誉他们的德行，而是要看他们的一切行为是否合乎义理，这正如在江边凿井，不考虑水源的多少，而要考虑是否适用是一样的。不为自己私利的牺牲精神，是可以培养学习的，这正如田猎竞走的技艺是可以学习到的一样。兼爱世人并不是为了个人获得好的声誉，这正如为接待行人所开的粮舍是在服务他人一样。爱别人的父母，像爱自己的父母，这正如对官事如对家事的急切是一样的。没有差别地去爱所有的人和爱自己是一样的，而且爱一方和爱另一方相同，这正如蛇受到人们攻击的时候，必首尾相救，即自救。

【校注】①浸淫之辞：[注] 渐次引入陷溺的夸大不实之言辞。②其类在鼓栗：[注] 类似鼓动人恐惧。③在：[校]《道藏》本作“在于”。④或寿或卒，其利天下也指若：[注]或长寿或短寿，但利天下的目的是相同的。卒：[注]短，从曹耀湘说。指：[注] 指归，归趣。⑤矾：[校]《道藏》本作“誉”，从王景羲校改。⑥恶害：[注] 厌恶祸害。⑦二世：[注] 即上文中说到的众世和寡世。⑧文：[注]同“纹”。⑨阬：[注]同“坑”，洞穴。《增韵·庚韵》：“阬，陷也。”⑩田：[校]《道藏》本作“申”，从曹耀湘校改。⑪漏雍：[注] 堵塞漏洞。雍：[注]

通"壅"，堵塞。⑫逆旅：[注]客舍，迎接宾客的处所。逆：[注]迎。⑬敬：[校]《道藏》本作"苟"。《说文》桂馥注："苟，通作亟。"《说文》："亟，敏疾也。"官敬：[注]官急之事。官：[注]同"公"。⑭一爱相若，一爱相若：[注]爱一方与爱另一方相同。⑮虵：[注]"蛇"的异体字。[校]《道藏》本作"也"，从毕沅、孙诒让校改。

【概论】列举十三个例子，对整篇思想进行总结。首先是要反对诡辩论证，其次是阐明圣人之爱的基本特征，比如兴利除害、兴天下之利、无差别性和广泛性的爱等等。其中，表达出了事物情况之间志同而功不从、现象各异但本质相同的思想。所以，必须注意事实判断和价值判断的区别，进行正确的推论，才能准确理解和把握墨家以兼爱为核心的思想。

第四章 《小取》译注

导语：本部分是墨家逻辑体系的简明纲要，是理解和把握墨家逻辑思想的钥匙和基本线索，在中国和世界逻辑史上占有重要地位。本章共分为三个部分：第一，阐述辩学即逻辑学的目的、作用，辩的原则和基本内容。第二，阐述辩学的基本论式，即譬、侔、援、推，推理有效性的标准，推论的限度及可能出现的错误。第三，阐述推论正确与错误的五种不同情况，包括是而然、是而不然、不是而然、一周而一不周、一是而一非等。

1. 夫辩①者，將以明是非之分，審治亂之紀②，明同异之處，察名實之理，處利害，决嫌疑③。

【译文】辩学，是用来说明是与非的分别，审察治和乱的原因，明确同和异的所在，考察名称和实际的道理，权衡利益与祸害，决断嫌疑的。

【校注】①辩：[注]辩论、论辩，引申为辩学。《经上》(75)："辩，争彼也。"《经说上》(75)："辩，或谓之牛，或谓之非牛，是争彼也。"《经说下》(135)："辩也者，或谓之是，或谓之非，当者胜也。"②纪：[注]纲纪、法则、原因。③嫌疑：[注]疑惑不能解决的事理。《礼记·曲礼上》："夫礼者，所以定亲疏，决嫌疑，别同异，明是非也。"《史记·太史公自序》："夫《春秋》，上明三王之道，下辩人事之纪，别嫌疑，明是非，定犹豫。"

【概论】探讨辩学的对象和作用。辩学就是要通过考察事物之间的同异关系和分析名称概念与其所反映的实际事物之间的关系，从而明确是与非的分别。辩学的实际政治作用是审治乱之纪、处利害和决嫌疑。

2. 焉[①]摹略[②]萬物之然，論求群言之比[③]。以名舉實[④]，以辭抒意[⑤]，以説出故[⑥]。以類取[⑦]，以類予[⑧]。有諸己不非諸人[⑨]，無諸己不求諸人[⑩]。

【译文】 于是反映概括万事万物的面目与根源，讨论探求各种言论的类别。用名称概念反映事物的实际，用语句来表达概论意念，用推理来表达所持论点的理由和根据。根据事物的类别来进行证明，根据事物的类别来进行反驳。自己所赞成的观点不能反对别人赞成，自己所不赞成的观点不能要求别人赞成。

【校注】 ①焉:[注]乃、于是。②摹略:[注]探讨搜求。《广雅•释诂》:“略，求也。”③论求群言之比:[注]讨论探求各种言论的类比。④以名举实:[注]用名称标举实际。《经上》(31):“举，拟实也。”⑤以辞抒意:[注]用语句表达思想。辞:[注]文辞、言辞、语句。抒:[注]抒发、表达。⑥以说出故:[注]用推理论证来表达所持观点的理由或根据。说:[注]推理、论证。《经上》(73):“说，所以明也。”故:[注]理由、原因。《经上》(1):“故，所得而后成也。”《大取》:“夫辞以故生，立辞而不明于其所生，妄也。”⑦以类取:[注]根据事物的类同类异原则来进行证明。取:[注]择取、赞成、同意、证明。⑧以类予:[注]根据事物的类同类异原则来进行反驳。予:[注]推予、反驳。《说文》:“予，相推予也。”《小取》:“推也者，以其所不取之，同于其所取者，予之也。”⑨有诸己不非诸人:[注]自己所赞成的观点不能反对别人也赞成。诸:[注]之于。⑩无诸己不求诸人:[注]自己所不赞成的观点不能要求别人赞成。

【概论】 对辩的内容、原则和方式进行一般性概括。

3. 或也者，不盡也。[①]假者，今不然也。[②]效者，爲之法也[③]；所效者，所以爲之法也。故中效，則是也；不中效，則非也。此效也。辟也者[④]，舉他[⑤]物而以明之也。侔也者[⑥]，比辭而俱行也。援也者[⑦]，曰:“子然，我奚獨不可以然也？”推也者[8]，以其所不取之，同於其所取者，予之也。是猶謂也者同也，吾豈謂也者异也。

【译文】或，就是不全都是这样。假，就是现在还不是这样。效，就是提供标准的形式或法则；所效，就是被提供的标准形式和法则。所以，合乎这些标准形式和法则的是正确的；不合乎这些标准辩论形式和法则的便不正确，这就是效。譬，就是列举别的事物来说明这一事物。侔，就是比较同类的词句来说明它们都是行得通的。援，就是说：“你可以这样，我为什么偏偏不可以这样呢？”推，就是用对方所不赞成的，与对方所赞成的同类事例进行对照，从而反驳对方。这就好比说，它们是相同的，我又怎么能说，它们是不同的？

【校注】①或也者，不尽也：[注]或，就是不完全这样。或：[注]即古“域”字。《说文》：“或，邦也，从口从戈，以守一，一，地也。”“或”，有限于一部分的意思，故为“不尽”。尽：[注] 完全这样。②假者，今不然也：[注] 假设，是现在还不是这样。假：[注]假设之词，从毕沅、孙诒让说。《经下》(109)：“假必悖，说在不然。”《经说下》（109）：“假必非也而后假。”③效者，为之法也：[注] 效，就是提供标准的辩论形式和法则。效：[注] 效仿。法：[注] 法式。④辟：[注] 同“譬”，从毕沅、孙诒让说。《说文》：“譬，谕也。”谕，喻也。《荀子•非相》说：“谈说之术，分别以喻之，譬称以明之。”⑤他：[校]《道藏》本作“也”，从毕沅校改。⑥侔：[注]齐等。《说文》：“侔，齐等也。”孙诒让云：“谓辞义齐等，比而同之。”⑦援：[注] 引。《说文》：“援，引也。”⑧推：[注] 归谬式的类比推理。

【概论】探讨推论的前提和结论之间的关系及推论的各种具体方式。

4. 夫物有以同，而不率遂同[1]。辭之侔也[2]，有所至而正[3]。其然也，有所以然也。其然也[4]同，其所以然不必同。其取之也，有所[5]以取之。其取之也同，其所以取之不必同。是故辟、侔、援、推之辭，行而异[6]，轉而危[7]，遠而失[8]，流而離本[9]，則不可不審也，不可常用也。故言多方，殊類，异故，則不可偏觀[⑩]也。

【译文】事物有相同之处，但并不因此就完全相同。命题间的推论，必须限定在一定范围内进行才是正确的。事物是这样的情形，自有其所以这样的原因。这样的情形虽然相同，而所以造成这样的原因却不一定相同。赞成某一观点，自有其所以赞成的理由。所赞成的观点相同，而所赞成的理由却不一定相同。这就是为什么“辟”“侔”“援”“推”等命题间的推论，运用起来就会有差异，几经转换就会变成诡辩，推论过远就会失真，牵强推论就会离开根本法则，这是不能不慎重的，也不能到处搬用。所以既然言论具有多方面的道理、特殊的类别和不同的缘故，就不能片面地观察。

【校注】①率遂同:[注] 完全相同。率:[注] 皆。遂:[注] 尽。②辞之侔:[注] 语句之间的推论。侔:[注] 代表譬、侔、援、推等各种推论方式。③有所至而正:[注] 必须限定在一定的范围内才是正确的。④其然也:[校]《道藏》本无此三字，从孙诒让校增。⑤所:[校]《道藏》本无此字，从王引之校增。⑥行而异:[注]运用起来就会有差异。⑦危:[注]古通“诡”，诡异，从俞樾说。转而诡:[注] 几经转折就会变成诡辩。⑧远而失:[注] 推论过远就会失真。⑨流而离本:[注] 牵强推论就会离开根本法则。⑩偏观:[注] 片面地观察。

【概论】探讨辟、侔、援、推等各种推论中需要注意的问题和可能出现的错误。《韩非子·说林》:“田伯鼎好士而存其君，白公好士而乱荆，其好士则同，其所以为则异。公孙友自而尊百里，竖刁自宫而谄桓公，其自刑则同，其所以自刑之为则异。慧子曰:狂者东走，逐者亦东走，其东走则同，其所以东走之则异。”

5. 夫物或乃是而然，或是而不然，或不是而然[①]。或一周[②]而一不周[③]，或一是而一非也[④]。

【译文】事物的情况，有的是“是而然”，有的是“是而不然”，有的是“不是而然”，有的是“一周而一不周”，有的是“一是而一非”。

【校注】①或不是而然：[校]《道藏》本无，从吴毓江依胡适《小取篇新诂》校增。②③周：[校]《道藏》本作“害”，二字的隶书相似而误，从王引之校改。④非也：[校]《道藏》本在此二字前面还有“不是也。不可常用也。故言多方，殊类，异故，则不可偏观也。”疑涉上文而衍，从王引之校删。

【概论】认为事物情况有“是而然”（充分），“是而不然”（不充分），“不是而然”（不必要），“一周而一不周”，“一是而一非”的复杂情况。所以，推论时要特别注意。

6. 白馬，馬也；乘白馬，乘馬也。驪[①]馬，馬也；乘驪馬，乘馬也。獲[②]，人也；愛獲，愛人也。臧[③]，人也；愛臧，愛人也。此乃是而然者也。

【译文】白马是马，所以，骑白马就是骑马。黑马是马，所以，骑黑马就是骑马。获是人，所以，爱获就是爱人。臧是人，所以，爱臧就是爱人。这就是事物“是而然”的情况。

【校注】①骊：[注]深黑色。《说文》：“骊，马深黑色。”②获：[注]婢的贱称。③臧：[注]奴的贱称。毕沅说：“骂奴曰臧，骂婢曰获。”王逸说：“臧，守藏者也；获，主禽者也。”

【概论】阐述事物“是而然”及其推理的四种情况。它们所涉及的问题是，在表达真包含于关系或属于关系的全称肯定命题的主项和谓项中，同时加入行为动词或爱恶性心理动词后，其中没有发生思想的变化，则结论将仍然是肯定命题。

7. 獲之親[①]，人也；獲事其親，非事人[②]也。其弟，美人也；愛弟，非愛美人[③]也。車，木也；乘車，非乘木也。船，木也；入船，非入木也[④]。盜人，人也；多盜，非多人也；無盜，非無人也。奚以明之？惡多盜，非惡多人也；欲無盜，非欲無人也。世相與共是之。若[⑤]若[⑥]是，則雖盜人人也，愛盗非愛人也，不愛盗非不愛人也，殺盗人非殺人也，無難[⑦]矣。此與彼同類，世有彼而不自非也，墨者有此而非之，無他故[⑧]焉，所謂内膠[⑨]外閉[⑩]，與心毋空乎，内膠而不解也。此乃是而不然者也。

【译文】获的父母亲是人，但是获侍奉其父母并不是侍奉人。获的弟弟是美人，但是获爱其弟弟并不是爱美人。车是木头造的，但乘车并不是乘木头。船是木头造的，但进入船只并不是进入木头。强盗是人，但强盗多（强盗所占比例高）并不是人就多，没有强盗并不是就没有人。怎么知道这一点的呢？厌恶强盗多（强盗所占比例高）并非就是厌恶人多（在一定时间或空间里人的数量多），喜欢没有强盗并非就是喜欢没有人。世人都知道这是对的。如果是这样的话，那么虽然强盗是人，但爱强盗并不是爱人，不爱强盗并不是不爱人，杀强盗也并不是杀人。这应该是没有困难的。这里，后者和前者属于同类，世人承认前者而不说自己错了，墨家主张后者却遭到非议，没有其他的原因，这就是所说的“内心固执，对外封闭”，与“心里边没有留下一点空隙，内心顽固而不去理解”的缘故。这些就是“是而不然”的情况。

【校注】①亲：［校］《道藏》本作“视”，从王引之校改。②事人：［注］指做别人的奴仆。③爱美人：［注］爱美色（性爱）。④入船，非入木也：［校］两个“入”字，《道藏》本都错成了“人”字，从苏时学、孙诒让校改。⑤若：［注］如果。⑥若：［注］这个。⑦难：《道藏》本中此字后有“盗无难”三字，从孙诒让校删。⑧他故：［校］《道藏》本作“故也”，从王引之、孙诒让校改。⑨胶：［注］固执。⑩闭：［注］闭塞。

【概论】阐述事物“是而不然”及其相关推理的十一种情况。前四个推理所涉及的问题是，在表达真包含于关系或者属于关系的全称肯定命题的主项和谓项之中，如果同时加入行为动词或心理动词时，核心概念的内涵发生了变化，则所得的结论只能是否定命题。后七个推理所涉及的问题是，在表达真包含于关系或者属于关系的全称肯定命题的主项和谓项中，如果同时加入存在性动词或者对存在性动词加以否定或者加入好恶性动词或者对好恶性动词进行否定甚至加入行为动词，其中的一些思想可能出现变化，则所得的结论均只能是否定命题。

8. 夫且讀書，非讀書也；好讀書，好書也。[1]且鬥雞，非鬥雞[2]也；好鬥雞，好雞也。且入井，非入井也；止且入井，止入井也。且出門，非出門也；止且出門，止出門也。世相與共是之[3]。若若是，且夭，非夭也；壽且夭[4]，壽夭也。執[5]有命，非命也；非執有命，非命也，無難矣。此與彼同類[6]。世有彼而不自非也，墨者有此而非[7]之，無他[8]故焉，所謂內膠外閉，與心毋空乎，內膠而不解也。此乃不[9]是而然者也。

【译文】将要读书并不是读书，但好读书却是好书。将要斗鸡并不是斗鸡，但好斗鸡却是好鸡。将要入井并不是入井，阻止将要入井却是阻止入井。将要出门并不是出门，但阻止将要出门却是阻止出门。世人都知道这是对的。如果是这样的话，那么，将要夭折并不是夭折了，但使将要夭折的人长寿却是使夭折者长寿了。主张有命并不是真的有命这种东西存在，但反对主张有命却是反对有命这种东西存在。这应该是没有困难的。后者和前者属于同类，世人承认前者而不说自己错了，墨家主张后者却遭到非议，没有其他的原因，这就是所说的“内心固执，对外封闭”，与“心里没有留下一点空隙，内心顽固而不去理解”的缘故。这些就是“不是而然”的情况。

【校注】①夫且读书，非读书也；好读书，好书也：[校]《道藏》本作“且夫读书，非好书也”，从孙诒让校改。夫：[注] 句首语气词，无义。好：[注] 喜好、喜爱。[校] 吴毓江校改为“夫且读书，非书也；好读书，好书也”，吴的校改不符合墨家的原意。②斗鸡：[校]《道藏》本作“鸡”，从李渔叔校增。③世相与共是之：[校]《道藏》本无，据上下文意校增。④寿且夭：[校]《道藏》本无此三字，从吴毓江、沈有鼎校增。孙诒让不增此三字。⑤执：[校]《道藏》本无此字，从吴毓江校增。⑥类：[校]《道藏》本无此字，从吴毓江校增。⑦非：[校]《道藏》本作“罪非”，从毕沅校改。[注] 通“诽”，诽议。⑧他：[校]

《道藏》本作“也”。⑨不:［校］《道藏》本无此字，从胡适校增。

【概论】阐述事物“不是而然”及其相关推理的六种情况。第一个和第二个推理涉及比较时态动词“且”（将要）加上行为动词的推理与好恶性动词加上行为动词的推理之间的差别，即虽然从将来如何不能推出现在就如何，但可以从喜欢做什么推出喜欢什么。第三个、第四个和第五个推理涉及比较时态动词“且”加上行为动词或存在性动词的推理与这种推理前提的负命题推理之间的差别，即从将要如何不能推出现在就如何，但从阻止将要如何可以推出现在不如何。第六个推理涉及意愿性动词加上存在性动词的推理与这种推理前提的负命题推理之间的差别，即主张某种东西存在不能推出这种东西就真的存在，但反对主张某种东西存在则一定反对这种东西存在。

9. 愛人，待周愛人①，而後爲②愛人；不愛人，不待周不愛人；不③周愛，因爲④不愛人矣。乘馬，不待⑤周乘馬，然後爲乘馬也；有乘於馬，因爲乘馬矣；逮至不乘馬，待周不乘馬，而後爲不乘馬⑥。此一周而一不周者也。

【译文】爱人，必须周遍地爱所有的人，然后才可以说是爱人；不爱人，不依赖于周遍地不爱所有的人；没有周遍地爱所有的人，就可以说是不爱人了。骑马，不依赖于周遍地骑所有的马才算是骑马；至少骑过一匹马，就可以说是骑马了；至于说到不骑马，依赖于周遍地不骑所有的马，然后才可以说是不骑马。这些都是“一周而一不周”的情况。

【校注】①待:［注］依赖。周:［注］周遍、完全。②为:［注］通“谓”，称为。③不:［校］《道藏》本作“不失”，从俞樾、孙诒让校改。④因为:［注］因此就成为。⑤不待:［校］《道藏》本作“待”，从孙诒让校增。⑥为:［校］《道藏》本无此字，从王引之校增。马:［校］《道藏》本在此字后有“而后不乘马”五字，从孙诒让校删。

【概论】阐述事物“一周而一不周”及其相关推理的情况。墨家在这里所谈到的推理，涉及心理动词“爱”和行为动词“骑”各自的逻辑力量在所遍及的数量范围上的差别。“爱人”必须要爱所有的人才算得上是爱人，而“骑马”却并不需要骑所有的马才是骑马，只要骑一匹马就已经是骑马了。相应地，“不爱人”不需要不爱所有的人才能说是不爱人，只要有一个人你不爱他都可以说是不爱人了；而“不骑马”需要不骑所有的马才能说是不骑马。不同类型的动词，由于它们在逻辑力量上的差别，推论时需要注意所遍及的范围的大小不同。

10. 居於國，則爲居國；有一宅於國，而不爲有國。桃之實，桃也；棘之實，非棘也①。問人之病，問人也；惡②人之病，非惡人也。人之鬼，非人也；兄之鬼，兄也。祭人③之鬼，非祭人也；祭兄之鬼，乃祭兄也。之馬之目盼④，則爲之馬盼；之馬之目大，而不謂之馬大。之牛之毛黄，則謂之牛黄；之牛之毛衆，而不謂之牛衆。一馬，馬也；二馬，馬也。馬四足者，一馬而四足也，非兩馬而四足也。一馬，馬也；二馬，馬也。⑤馬或白⑥者，二馬而或白也，非一馬而或白。此乃一是而一非者也。

【译文】居住在某一国内，可以说住在某一国；有一住宅在某一国内，却不能说有某一国。桃树的果实，称为桃；棘树的果实，却不称为棘（称为枣）。探问别人的疾病，可以说是探问人；讨厌别人的疾病，却不说是讨厌人。人的鬼魂，并不能叫人；兄长的鬼魂，却可以叫兄长。祭人的鬼魂，不能说是祭人；祭兄长的鬼魂，却可以说是祭兄长。这匹马的眼睛瞎，可以说这匹马是瞎马；这匹马的眼睛大，却不能说这匹马大。这头牛的毛是黄色的，可以说这头牛是黄色的；这头牛的毛是多的，却不能说这头牛是多的。一匹马是马，两匹马是马；马有四只脚，是指一匹马有四只脚，不是指两匹马有四只脚。一匹马是马，两匹马是马；有的马是白色的，是说在两匹马中有一匹是白色的，而不是说一匹马有白色的。这些都是“一是而一非”的情况。

【校注】①棘之实，非棘也：[注] 棘的果实不叫棘，叫枣。棘：[注] 树名，枣树。《说文》:“棘,小枣从生者。”②恶(wù):[注]厌恶。③人:[校]《道藏》本无此字,从王引之校增。④之马:[注]犹“是马”,从苏时学说。眇:[校]《道藏》本作“盼”,从顾千里、孙诒让校改。顾千里说,《淮南子·说山训》作“眇”。下同。⑤一马,马也;二马,马也:[校]《道藏》本作“一马,马也”,从胡适、吴毓江、沈有鼎校增。王引之、孙诒让、李渔叔均主张是衍文而删,不确。⑥白:[校]《道藏》本作“自”,从毕沅、孙诒让校改。

【概论】 阐述事物“一是而一非”及其相关推理的八种不同情况,除了第三个和第四个为“一非而一是”的推理外,其余都是“一是而一非”的推理。第一个推理涉及“居住”这类行为动词和“拥有”这类状态动词的区别。第二个推理涉及“问候”这类行为动词和“厌恶”这类好恶性心理动词的不同。第三个和第四个推理涉及人们的信念和约定俗成的问题。第五个和第六个推理也是涉及名称的约定俗成问题。第七个推理说的是不要将整体和部分之间的关系问题混同为类的问题。第八个推理说的是不要把类的问题混同为整体和部分之间的关系问题。后四个推理也涉及存在性动词的问题。

第五章 《墨辩注叙》译注

导语：鲁胜，字叔时，西晋学者。代郡人，有说今山西阳高西南人，又有说今河北蔚县东北人。曾任佐著作郎，后迁建邺令。著《墨辩注》和《刑名》二篇，惜不传。现仅其为《墨辩注》所作《叙》，即《墨辩注叙》，存于《晋书·隐逸传》中。

墨辩注叙

鲁胜

名者，所以別同异，明是非，道義之門，政化之準繩也。孔子曰："必也正名；名不正，則事不成。"墨子著書，作《辯經》以立名本。惠施、公孫龍祖述其學，以正別[①]名顯於世。孟子非墨子，其辯言正辭則與墨同。荀卿、莊周等，皆非毀[②]名家，而不能易其論也。

名必有形，察形莫如別色[③]，故有堅白之辯。名必有分，明分莫如有無，故有無序[④]之辯。是有不是，可有不可，是名兩可。同而有异，异而有同，是之謂辯同异。至同無不同，至异無不异，是謂辯同辯异。同异生是非，是非生吉凶，取辯於一物，而原極天下之汙隆[⑤]，名之至也。

自鄧析至秦時名家者，世有篇籍，率頗難知，後學莫複傳習，於今五百餘歲，遂忘絕。《墨辯》有上、下《經》，《經》各有《説》，凡四篇，與其書衆篇連第，故獨存。今引《説》就《經》，各附其章，疑者闕之。又采諸衆雜集爲《刑[⑥]名》二篇，略解指歸，以俟君子。其或興微繼絕者，亦有樂乎此也。

【译文】名学是用来区分同与异、是与非的学问，是把握道义的必要工具，是政治和教化的根本性原则和标准。孔子说："必须正名。因为如果名不正，则事情就不会办得成功。"墨子著了《辩经》这样一本书，其中阐述了名学的根本性内容。惠施和公孙龙传承并阐发了《墨经》中的辩学，并且以矫正形名关系而显耀于世。孟子强烈批评墨子，但他进行论辩和论证的语言和表达方式却和墨子的相同。荀子和庄子等，都批评和诋毁名家（墨家），但却改变不了他们进行论证的方式和方法。

名称概念都是对事物的反映，而要考察事物最好的方式就是区分事物的属性，因此出现了关于硬度和颜色的辩论。名称概念必然又是有区分的，而区分名称概念最重要的就是明确有和无的不同，因此，就有了关于无序的辩论。是又不是，可以又不可以，这说的就是关于两可的辩论。同中有异，异中有同，这就是关于同和异的辩论。单就事物的同来说，所有事物都具有其共同性，单就事物的异来说，所有事物都具有其差异性，即所有事物都是有差异的，这就是关于同的辩论和关于异的辩论。事物之间的共同性和差异性，是人们认识中产生是和非的原因，人们认识中的是和非，又是人们现实生活中究竟是吉还是凶的原因，而是非、吉凶等都根源于辩学这个根本，从而探究天下的盛衰与兴废，这就是名学所要达到的目的。

从邓析开始到秦代的名家，每个时代都有著作，所以很难知道它们的全部，后来的学者没有能够反复地去传播和研究，到现在已经五百多年了，于是，名学被亡绝了。《墨经》这本书，包括《经上》和《经下》，《经》又包括有《说》，总共有四篇，因为与《墨子》一书中的其他各篇连在一起，所以单独得以保留下来。现在，我引用《说》来解释《经》，分别将《说》的每一条附录在《经》的每一条之下，存在疑问的地方姑且空缺。同时，搜集各方面的其他名学著作为《形名》二篇，粗略解释一下它们的宗旨，希望对学者们能所有帮助。这样做或许能够使处于衰微、亡绝中的名学得以振兴和弘扬，也有对此感兴趣的。

【校注】①别:［校］当作"刑"，通"形"，从伍非百说。②非毁:［注］批评，诋毁。③名必有形，察形莫如别色：［校］各本“必”上无“名”字，“察”下无“形”字。殿本有之。今从殿本。孙诒让也说当有“名”“形”二字。④序：［校］伍非百校为“厚”，也通。⑤［原极］：［注］探究。汙隆：［注］污隆，高低，意指天下之道的盛衰、兴废，从伍非百说。汙：［注］为“污”的异体字，犹降。隆：［注］犹高。⑥刑：［注］通“形”，从孙诒让、伍非百说。

【概论】《墨辩注叙》全文不到三百字，但内容十分丰富。它对中国古代从邓析到秦代的名辩学的发展史，对诸子百家的名学思想都做出了评论，可以说是中国历史上最早的逻辑史著作。虽然，其中认为《墨经》为墨子所著未必正确，主张惠施、公孙龙祖述墨学更是荒诞，但是却深刻地揭示了孟子、荀子等都是在运用墨子所创立的辩学的逻辑思维和表达方式，正确地提出了“以《说》就《经》，各附其章”这一解读和研究《墨经》的正确方法，科学地指出了名辩学以研究同异是非为对象，并且对社会政治伦理能够产生重要作用，这无疑都是有重要价值的思想。

第六章　《墨经》分科

导语：狭义《墨经》四篇所包含的内容涉及逻辑学、宇宙观、认识论、方法论、数学、力学、光学、政治学、经济学、法学、伦理学等学科领域。如果能够把涉及同一学科领域的相关条目都集中在一起加以系统化，就可以更好地来分析它们之间的内在联系。谭戒甫曾著《墨经分类译注》，为我们提供了许多宝贵经验。这里，在总结前人认识的基础上，重新做一番整理和处理，希望方便大家做更深入的考察和研究。为了便于读者阅读和引用，本部分使用简体字和已经校勘过的文本。

一、逻辑学

（一）墨家对证明、反驳的方式、原则等做出了详细的论述，对违反论证的原则所可能出现的错误断言做了分析。

《经上》（1）：故，所得而后成也。

《经说上》(1)：[故]小故，有之不必然，无之必不然。体也，若有端。大故，有之必然，无之必不然，若见之成见也。

《经上》（71）：法，所若而然也。

《经说上》（71）：[法] 意、规、员，三也，俱可以为法。

《经上》（72）：佴，所然也。

《经说上》（72）：[佴] 然也者，民若法也。

《经上》(73)：说，所以明也。

《经上》(74)：彼，不可两不可也。

《经说上》(74)：[彼] 兕牛，枢非牛，两也。无以非也。

《经上》(75)：辩，争彼也。辩胜，当也。

《经说上》(75)：[辩]或谓之牛，或谓之非牛，是争彼也。是不俱当。不俱当，必或不当，不若当犬。

《经上》(94)：诺，不一、利用。

《经说上》(94)：[诺]超城员止也。相从、相去、先知、是、可。五色、长短、前后、轻重，援。

《经上》(95)：服，执说。

《经说上》(95)：[服] 执难。成言务成之。九则求执之。

《经上》(96)：巧转则求其故。

《经上》(97)：法同则观其同。

《经说上》(97)：[法] 法取同，观巧转。

《经上》(98)：法异则观其宜。

《经说上》(98)：[法] 取此择彼，问故观宜。"以人之有黑者有不黑者也，止黑人"，与"以有爱于人有不爱于人，止爱人"，是孰宜？

《经下》(99)：止，因以别道。

《经说上》(99)：[止]彼举然者，以为此其然也，则举不然者而问之。若圣人有非而不非。

《经上》(100)：正，无非。

《经说上》(100)：[正] 五诺，皆人于知。有说，过五诺，若员无直。无说，用五诺，若自然矣。

《经下》(101)：止，类以行之，说在同。

《经说下》(101)：[止]彼以此其然也，说是其然也。我以此其不然也，疑是其然也。

《经下》(102):推类之难,说在之大小、物尽、同名、二与斗、爱、食与招、白与视、丽与暴、夫与屦。

《经说下》(102):谓四足,兽与?并鸟与?物尽与?大小也。此然是必然,则俱为麋,同名。俱斗不俱二,二与斗也。包肝肺子,爱也。掘茅,食与招也。白马多白,视马不多视,白与视也。为丽不必丽,为暴必暴,丽与暴也。为非以人,是不为非,若为夫勇不为夫。为屦以买衣,为屦,夫与屦也。

《经下》(107):异类不吡,说在量。

《经说下》(107):[异] 木与夜孰长?智与粟孰多?爵、亲、行、贾,四者孰贵?麋与霍孰高?蚓与瑟孰瑟?

《经下》(111):疑,说在逢、循、遇、过。

《经说下》(111):[疑]逢为务则士,为牛庐者夏寒,逢也。举之则轻,废之则重,若石羽,非有力也。沛从削,非巧也,循也。斗者之敝也以饮酒,若以日中,是不可智也,遇也。智与?以已为然也与?过也。

《经下》(132):无说而惧,说在弗心。

《经说下》(132):[无] 子在军,不必其死生;闻战,亦不必其死生。前也不惧,今也惧。

《经下》(134):知知之否之足用也悖,说在无以也。

《经说下》(134):[智] 论之,非智无以也。

《经下》(135):谓辩无胜,必不当,说在辩。

《经说下》(135):[谓] 所谓非同也,则异也。同则或谓之狗,其或谓之犬也。异则或谓之牛,其或谓之马也。俱无胜,是不辩也。辩也者,或谓之是,或谓之非,当者胜也。

《经下》（140）：知狗而自谓不知犬，过也。说在重。

《经说下》（140）：［智］智狗重智犬，则过，不重则不过。

《经下》（150）：擢虑不疑，说在有无。

《经说下》(150):[擢]疑无谓也。臧也今死，而春也得之，之死也可。

《经下》（154）：狗，犬也。而杀狗非杀犬也，不可，说在重。

《经说下》（154）：［狗］狗，犬也，谓之杀犬，可。若两䏹。

《经下》（165）：一法者之相与也尽类，若方之相合也，说在方。

《经说下》（165）：［一］方貌尽，俱有法而异，或木或石，不害其方之相合也。尽貌犹方也，物俱然。

《经下》（166）：狂举不可以知异，说在有不可。

《经说下》（166）：［狂］牛与马惟异。以牛有齿、马有尾，说牛之非马也，不可。是俱有，不偏有偏无有。曰："牛与马不类，用牛有角，马无角，是类不同也。"若举牛有角，马无角，以是为类之不同也，是狂举也。犹牛有齿，马有尾。

《经下》（167）：牛马之非牛，与可之同，说在兼。

《经说下》（167）："或不非牛或非牛而非牛也，可，则或非牛或牛而牛也，可。故曰：牛马非牛也，未可，牛马牛也，未可。"则或可或不可。而曰"牛马非牛也，未可。牛马牛也，未可"亦不可。且牛不二，马不二，而牛马二。则牛不非牛，马不非马，而牛马非牛非马，无难。

《经下》（170）：闻所不知若所知，则两知之，说在告。

《经说下》（170）：［闻］在外者所知也，在室者所不知也。或曰："在室者之色，若是其色。"是所不知若所知也。犹白若黑也，谁胜？是若其色也，若白者必白。今也知其色之若白也，故知其白也。夫名以所明正所不知，不以所不知疑所明。若以尺度所不知长。外，亲知也。室中，说知也。

《经下》（171）：以言为尽悖，悖，说在其言。

《经说下》（171）：［以］悖，不可也。之人之言可，是不悖，则是有可也。之人之言不可，以当必不审。

《经下》（177）：学之益也，说在诽者。

《经说下》（177）：学也，以为不知学之无益也，故告之也，是使智学之无益也，是教也。以学为无益也教，悖。

《经下》（178）：诽之可否，不以众寡，说在可非。

《经说下》（178）：［诽］论诽之可不可以理。之可诽，虽多诽，其诽是也。其理不可非，虽少诽，非也。今也谓多诽者不可，是犹以长论短。

《经下》（179）：非诽者悖，说在弗非。

《经说下》(179)：不诽，非己之诽也。不非诽，非可非也。不可非也，是不非诽也。

（二）墨家对名的种类、涵义和指称，对名之间的同和异，命题的真假和命题的种类等问题都做出了阐述。

《经上》（14）：信，言合于意也。

《经说上》（14）：［信］不以其言之当也。使人视城得金。

《经上》（31）：举，拟实也。

《经说上》（31）：［举］告以之名，举彼实也。

《经上》（32）：言，出举也。

《经说上》(32)：故言也者，诸口能之，出名者也。名若画虎也。言，谓也。言犹实致也。

《经上》（33）：且，言然也。

《经说上》（33）：［且］自前曰且，自后曰已，方然亦且。若实者也。

《经上》（39）：同，异而俱于之一也。

《经说上》（39）：［侗］二人而俱见是楹也，若事君。

《经上》（43）：尽，莫不然也。

《经说上》（43）：［尽］但止动。

《经上》（52）：必，不已也。

《经说上》（52）：［必］谓壹执者也，若弟兄。一然者一不然者，必不必也，是非必也。

《经上》（67）：坚白，不相外也。

《经说上》（67）：［坚］于石，无所往而不得，得二。异处不相盈，相非，是相外也。

《经上》（77）：已，成、亡。

《经说上》（77）：［已］为衣，成也。治病，亡也。

《经上》（79）：名，达、类、私。

《经说上》（79）：［名］物，达也，有实必待之名也命之。马，类也，若实也者，必以是名也命之。臧，私也，是名也，止于是实也。声出口，俱有名，若姓字俪。

《经上》（80）：谓，命、举、加。

《经说上》（80）：［谓］狗、犬，命也。狗犬，举也。叱狗，加也。

《经上》(84)：合，正、宜、必。

《经说上》(84)：[合] 兵立反中，志工正也。臧之为，宜也。非彼必不有，必也。圣者用而勿必，必也者可勿疑。

《经上》(87)：同，重、体、合、类。

《经说上》(87)：[同] 二名一实，重同也。不外于兼，体同也。俱处于室，合同也。有以同，类同也。

《经上》(88)：异，二、不体、不合、不类。

《经说上》(88)：[异] 二必异，二也。不连属，不体也。不同所，不合也。不有同，不类也。

《经上》(89)：同异交得，放有无。

《经说上》(89)：[同异交得] 于福家良恕，有无也。比度，多少也。蛇蚓旋圆，去就也。鸟折用桐，坚柔也。剑犹甲，死生也。处室子，子母，长少也。两色交胜，白黑也。中央，旁也。论行、行行、学实，是非也。鸡宿，成未也。兄弟，俱适也。身处志往，存亡也。霍，为姓故也。贾宜，贵贱也。

《经下》(103)：一，偏弃之。

《经说下》(103)：[一] 一，与一，亡；不与一，在，偏去。

《经下》(104)：谓而固是也，说在因。

《经说下》(104)：[谓] 有之实也，而后谓之。无之实也，则无谓也。不若敷与美。谓是，则是固美也；谓也，则是非美无谓，则叚也。

《经下》(105)：不可偏去而二，说在见与俱、一与二、广与修。

《经说下》(105)：见不见离，一二不相盈，广修、坚白相盈。

《经下》(106)：不能而不害，说在容。

《经说下》(106)：[不] 举重不举箴，非力之任也。为握者之觭倍，非智之任也。若耳目。

《经下》（108）：偏去莫加少，说在故。

《经说下》（108）：［偏］俱一、无变。

《经下》（109）：假必悖，说在不然。

《经说下》（109）：［假］假必非也而后假。狗假霍也，犹氏霍也？

《经下》（117）：在诸其所然、未然者，说在于是推之。

《经说下》（117）：［在］尧善治，自今在诸古也。自古在之今，则尧不能治也。

《经下》（133）：或过名也，说在实。

《经说下》（133）：［或］知是之非此也，有知是之不在此也，然而谓此南北。过而以已为然。始也谓此南方，故今也谓此南方。

《经下》（137）：于一，有知焉，有不知焉，说在存。

《经说下》（137）：［于］石一也，坚白二也，而在石。故谓有智焉，有不智焉，可。

《经下》（138）：有指于二，而不可逃。说在以二参。

《经说下》（138）:［有指］子智是，有智是吾所先举，则重。子智是，而不智吾所先举也，是一。谓有智焉，有不智焉，可。若智之，则当指之智告我，则我智之。兼指之以二也。衡指之，参直之也。若曰，“必独指吾所举，毋指吾所不举”，则二者固不能独指。所欲相不传，意若未交。且其所智是也，所不智是也，则是智是之不智也，恶得为一？而谓“有智焉，有不智焉”？

《经下》（139）：所知而弗能指，说在春也、逃臣、狗犬、遗者。

《经说下》（139）：［所］春也，其死固不可指也。逃臣，不智其处。狗犬，不智其名也。遗者，巧弗能两也。

《经下》（141）：通意后对，说在不知其谁谓也。

《经说下》（141）：[通] 问者曰："子知羁乎？" 应之曰："羁何谓也？" 彼曰："羁旅。" 则智之。若不问羁何谓，径应以弗智，则过。且应必应问之时，若应长，应有深浅、大小、不中，在长人长。

《经下》（142）：所存与存者，于存与孰存？四焉，说在异。

《经说下》（142）：[所] 室堂，所存也。其子，存者也。据存者而问室堂，恶存也？主室堂而问存者，孰存也？是一主存者以问所存，一主所存以问存者。

《经下》（149）：无不必待有，说在所谓。

《经说下》(149)：[无]若无焉，则有之而后无。无天陷，则无之而无。

《经下》（151）：且然不可正，而不害用工，说在宜。

《经说下》（151）：[且] 犹是也？且然必然，且已必已。且用工而后已者，必用工而后已。

《经下》（153)：尧之义也，声于今而处于古。而异时，说在所义二。

《经说下》（153）：[尧] 或以名视人，或以实视人。举友富商也，是以名视人也。指是臛也，是以实视人也。尧之义也，是声也于今，所义之实处于古。

《经下》（161）：可无也，有之而不可去，说在尝然。

《经说下》（161）：可无也。已然则尝然，不可无也。

《经下》（168）：彼此彼此与彼此同，说在异。

《经说下》（168）：[彼] 正名者，彼此。彼此可：彼彼止于彼，此此止于此。彼此不可：彼且此也。彼此亦可：彼此止于彼此。若是而彼此也，则彼亦且此此也。

《经下》（172）：惟吾谓非名也，则不可，说在仮。

《经说下》（172）：[惟] 谓是霍可，而犹之非夫霍也。谓彼是是也，不可，谓者毋惟乎其谓。彼犹惟乎其谓，则吾谓不行。彼若不惟其谓，则无不行也。

《经下》（180）：物甚不甚，说在若是。

《经说下》（180）：[物] 甚长甚短，莫长于是，莫短于是。是之是也，非是也者，莫甚于是。

二、宇宙观、认识论和方法论

（一）墨家对时间和空间、运动和静止、有穷和无穷等问题做出了阐述。

《经上》（40）：久，弥异时也。

《经说上》（40）：[久] 合古今旦莫。

《经上》（41）：宇，弥异所也。

《经说上》（41）：[宇] 东西家南北。

《经上》（42）：穷，或有前不容尺也。

《经说上》（42）：[穷] 或不容尺，有穷。莫不容尺，无穷也。

《经上》（44）：始，当时也。

《经说上》（44）：[始] 时或有久，或无久。始当无久。

《经上》（45）：化，征易也。

《经说上》（45）：[化] 若蛙为鹑。

《经上》（50）：动，或徙也。

《经说上》(50)：[动] 偏祭徙者，户枢蛇瑟。

《经上》(51)：止，以久也。

《经说上》(51)：[止] 无久之不止，当牛非马，若矢过楹。有久之不止，当（牛）马非马，若人过梁。

《经上》(86)：为，存、亡、易、荡、治、化。

《经说上》(86)：[为] 甲台，存也。病，亡也。买鬻，易也。霄尽，荡也。顺长，治也。蛙鼠，化也。

《经下》(114)：宇或徙，说在长宇久。

《经说下》(114)：[长]宇徙而有处。宇南宇北，在旦有在莫，宇徙久。

《经下》(163)：宇进无近远，说在敷。

《经说下》(163)：[宇] 伛不可偏举宇也。进行者，先敷近，后敷远。

《经下》(164)：行修以久，说在先后。

《经说下》(164)：[行] 诸行者，必先近而后远。远近，修也。先后，久也。民行修必以久也。久，有穷、无穷。

（二）墨家对认识的过程、知识的来源、知识的种类以及可能出现错误认知的原因做了系统论述。

《经上》(2)：体，分于兼也。

《经说上》(2)：[体] 若二之一，尺之端也。

《经上》(3)：知，材也。

《经说上》(3)：[知材] 知也者，所以知也，而必知，若明。

《经上》(4)：虑，求也。

《经说上》(4)：[虑] 虑也者，以其知有求也，而不必得之，若睨。

《经上》(5):知,接也。

《经说上》(5):[知] 知也者,以其知过物而能貌之,若见。

《经上》(6):恕,明也。

《经说上》(6):[恕] 恕也者,以其知论物,而其知之也著,若明。

《经上》(22):生,刑与知处也。

《经说上》(22):[生] 楹之生,商不可必也。

《经上》(23):卧,知无知也。

《经上》(24):梦,卧而以为然也。

《经上》(25):平,知无欲恶也。

《经说上》(25):[平] 惔然。

《经上》(76):讹,穷知而儇于欲也。

《经说上》(76):[讹] 欲饮其鸠,智不知其害,是智之罪也。若智之慎之也,无遗于其害也。而犹欲饮之,则离之是犹食脯也。骚之利害,未知也。欲而骚,是不以所疑止所欲也。廧外之利害,未可知也。趋之而得刀,则弗趋也,是以所疑止所欲也。观为穷智而儇于欲之理,饮脯而非恕也,饮鸠而非愚也,所为与所不为相疑也,非谋也。

《经上》(81):知,闻、说、亲、名、实、合、为。

《经说上》(81):[知]传受之,闻也。方不障,说也。身观焉,亲也。所以谓,名也。所谓,实也。名实耦,合也。志行,为也。

《经上》(82):闻,传、亲。

《经说上》(82):[闻] 或告之,传也。身观焉,亲也。

《经上》(83):见,体、尽。

《经说上》(83):[见] 特者,体也。二者,尽也。

《经上》(90)：闻，耳之聪也。

《经上》(91)：循所闻而得其意，心也察也。

《经上》(92)：言，口之利也。

《经上》(93)：执所言而意得见，心之辩也。

《经下》(110)：物之所以然，与所以知之，与所以使人知之，不必同，说在病。

《经说下》(110)：[物]或伤之，然也。见之，知也。告之，使知也。

《经下》(146)：智而不以五路，说在久。

《经说下》(146)：[智]以目见，而目以火见，而火不见。惟以五路智久，不当以目见，若以火见。

《经下》(147)：火热，说在顿。

《经说下》(147)：[火]谓火热也，非以火之热我有，若视日。

《经下》(148)：知其所以不知，说在以名取。

《经说下》(148)：[智]杂所智与所不智而问之。则必曰："是所智也，是所不智也。"取、去俱能之，是两智之也。

《经下》(157)：以楹为抟，于以为无知也。说在意。

《经说下》(157)：[以]楹之抟也，见之，其于意也不易，先智。意，相也，若楹轻于秋，其于意也洋然。

《经下》(158)：意未可知，说在可用、过仵。

《经说下》(158)：段、椎、锥，俱事于履，可用也。成绘屦过椎，与过椎成绘屦同，过仵也。

（三）墨家对认识方法的相对性、整体性、全面性和辩证性等问题做出了陈述。

《经上》(57)：日中，正南也。

《经上》(85)：欲正权利，且恶正权害。

《经说上》(85)：权者两而勿偏。

《经下》(113)：欧物一体也，说在俱一、惟是。

《经说下》(113)：[俱] 俱一，若牛马四足。惟是，当牛马。数牛数马则牛马二，数牛马则牛马一。若数指，指五而五一。

《经下》(143)：五行毋常胜，说在宜。

《经说下》(143)：[五]金水土火木，离然。火铄金，火多也；金靡炭，金多也。金之府水，火离木。若识麋与鱼之数，惟所利。

《经下》(144)：无欲恶之为益损也，说在宜。

《经说下》(144)：[无]欲恶伤生损寿，说以少连。是唯爱也？尝多粟。或者欲有不能伤也，若酒之于人也。且恕人利人，爱也。则惟恕弗治也。

《经下》(145)：损而不害，说在余。

《经说下》(145)：[损] 饱者去余，适足不害，能害饱。若伤麋之无脾也。且有损而后益智者，若疟病之止于疟也。

《经下》(156)：荆之大，其沈浅也，说在具。

《经说下》(156)：[荆]沈，荆之具也。则沈浅非荆浅也，若易五之一。

《经下》(159)：一少于二而多于五，说在建住。

《经说下》(159)：[一] 五有一焉，一有五焉。十，二焉。

《经下》(169)：唱和同患，说在功。

《经说下》(169)："唱无过，无所用，若稗。和无过，使也，不得已。”唱而不和，是不学也。智少而不学，功必寡。和而不唱，是不教也。智多而不教，功适息。使人夺人衣，罪或轻或重。使人予人酒，功或厚或薄。

《经下》（182）：是是与是同，说在不州。

《经说下》（182）：[是] 不是，则是且是焉。今是久于是，而不于是，故是不久。是不久，则是而亦久焉。今是不久于是，而久于是。故是久与是不久同说也。

三、数学、力学和光学

（一）墨家对点、线、面、体，以及线、面、体的平行、相交、相切、相割等问题做出了阐述。

《经上》（53）：平，同高也。

《经上》（54）：同长，以正相尽也。

《经说上》（54）：[同] 楗与框之同长也。

《经上》（55）：中，同长也。

《经说上》（55）：中心，自是往相若也。

《经上》（56）：厚，有所大也。

《经说上》（56）：[厚] 惟无厚无所大。

《经上》（58）：直，参也。

《经上》（59）：圆，一中同长也。

《经说上》（59）：[圆] 规写交也。

《经上》（60）：方，柱隅四杈也。

《经说上》（60）：[方] 矩见交也。

《经上》（61）：倍，为二也。

《经说上》(61)：[倍] 二尺与尺但去一。

《经上》(62)：端，体之无序而最前者也。

《经说上》(62)：[端] 是无同也。

《经上》(63)：有间，中也。

《经说上》(63)：[有间] 谓夹之者也。

《经上》(64)：间，不及旁也。

《经说上》(64)：[间] 谓夹者也。尺前于区穴而后于端，不夹于端与区内。及及，非齐之及也。

《经上》(65)：纑，间虚也。

《经说上》(65)：[纑] 虚也者，两木之间，谓其无木者也。

《经上》(66)：盈，莫不有也。

《经说上》(66)：[盈] 无盈无厚。

《经上》(68)：撄，相得也。

《经说上》(68)：[撄] 尺与尺俱不尽，端与端俱尽，尺与端或尽或不尽。坚白之撄相尽。体撄不相尽。

《经上》(69)：仳，有以相撄，有不相撄也。

《经说上》(69)：[仳] 两有端而后可。

《经上》(70)：次，无间而不相撄也。

《经说上》(70)：[次] 无厚而厚可。

《经下》(160)：非半，弗斱则不动，说在端。

《经说下》(160)：[非] 斱半，进前取也，前则中无为半，犹端也。前后取，则端中也。斱必半，无与非半，不可斱也。

《经下》(162)：正而不可担，说在抟。

《经说下》(162)：[正] 丸，无所处而不中县，抟也。

（二）墨家对“力”下了定义，对杠杆原理和斜面问题等开展了研究。

《经上》(21)：力，刑之所以奋也。

《经说上》(21)：[力] 重之谓，下与重，奋也。

《经上》(48)：环俱柢。

《经说上》(48)：[环] 询民也。

《经上》(49)：窟，易也。

《经说上》(49)：[窟] 区穴常若斯貌。

《经下》(112)：合，与一，或复否，说在矩。

《经下》(126)：负而不挠，说在胜。

《经说下》(126)：[负] 衡木加重焉而不挠，极胜重也。右校交绳，无加焉而挠，极不胜重也。衡，加重于其一旁，必捶，权重相若也。相衡则本短标长，两加焉重相若，则标必下，标得权也。

《经下》(127)：挈与收板，说在薄。

《经说下》(127)：挈有力也，引无力也。不必所挈之止于施也。绳制挈之也，若以锥刺之。挈，长重者下，短轻者上；上者愈得，下者愈亡。绳直，权重相若，则止矣。收，上者愈丧，下者愈得，上者权重尽，则遂。

《经下》(128)：倚者不可正，说在梯。

《经说下》(128)：[倚] 倍、拒、坚、射，倚焉则不正。挈，两轮高，两轮为輲，车梯也。重其前，弦其前，载弦其前，载弦其轱，而县重于其前。是梯挈，且挈则行。凡重，上弗挈，下弗收，旁弗劫，则下直。杝，或害之也。流梯者不得流直也。今也废石于平地，重不下，无旁也。若夫绳之引轱也，是犹自舟中引横也。

《经下》(129)：堆之必拄，说在废材。

《经说下》(129)：[堆] 跰石累石耳，夹寝者法也。方石去地尺，关石于其下，县丝于其上，使适至方石。不下，柱也。胶丝去石，挈也。丝绝，引也。未变而石易，收也。

《经下》(152)：均之绝否，说在所均。

《经说下》(152)：[均] 髮均，县轻重。而髮绝，不均也。均，其绝也莫绝。

(三) 墨家对光的直射、反射原理做出了阐述，对平面镜、凸面镜、凹面镜等的成像原理做出了叙述。

《经下》(118)：景不徙，说在改为。

《经说下》(118)：[景] 光至景亡。若在，尽古息。

《经下》(119)：景二，说在重。

《经说下》(119)：[景] 二光夹一光，一光者景也。

《经下》(120)：景倒，在午有端与景长，说在端。

《经说下》(120)：[景] 光之人，煦若射。下者之人也高，高者之人也下。足蔽下光，故成景于上。首蔽上光，故成景于下。在远近有端与于光，故景库内也。

《经下》(121)：景迎日，说在抟。

《经说下》(121)：[景] 日之光反烛人，则景在日与人之间。

《经下》(122)：景之小大，说在杝正、远近。

《经说下》(122)：[景] 木杝，景短大；木正，景长小。光小于木，则景大于木。非独小也，远近。

《经下》(123)：临鉴而立，景倒，多而若少，说在寡区。

《经说下》(123)：[临] 正鉴，景多寡、貌能、白黑、远近、杝正，异于光。鉴景当俱，就、去亦当俱，俱用北。鉴者之臬，于鉴无所不鉴。景之臬无数，而必过正。故同处，其体俱然，鉴分。

《经下》（124）：鉴洼，景一小而易，一大而正，说在中之外内。

《经说下》（124）：[鉴] 中之内，鉴者近中，则所鉴大，景亦大；远中，则所鉴小，景亦小，而必正。起于中缘正而长其直也。中之外，鉴者近中，则所鉴大，景亦大；远中，则所鉴小，景亦小，而必易。合于中而长其直也。

《经下》（125）：鉴团，景一小一大，而必正，说在得。

《经说下》（125）：[鉴] 鉴者近，则所鉴大，景亦大；其远，所鉴小，景亦小，而必正。景过正，故招。

四、经济、政治、法律和伦理思想

（一）墨家对货币的流通和商品交易做出了论述。

《经下》（130）：买无贵，说在仮其贾。

《经说下》（130）：[买] 刀籴相为贾。刀轻则籴不贵，刀重则籴不易。王刀无变，籴有变。岁变籴，则岁变刀。若鬻子。

《经下》（131）：贾宜则雠，说在尽。

《经说下》（131）：[贾] 尽也者，尽去其所以不雠也。其所以不雠去，则雠，正贾也。宜不宜正欲不欲。若败邦、鬻室、嫁子。

（二）墨家对社会治理、赏善罚恶、法律法令的实施等问题做出了阐述。

《经上》（18）：令，不为，所作也。

《经说上》（18）：所令，非身弗行。

《经上》（26）：利，所得而喜也。

《经说上》（26）：[利] 得是而喜，则是利也。其害也，非是也。

《经上》(27)：害，所得而恶也。

《经说上》(27)：[害] 得是而恶，则是害也。其利也，非是也。

《经上》(28)：治，求得也。

《经说上》(28)：[治] 吾事治矣，人有治，南北。

《经上》(29)：誉，明美也。

《经说上》(29)：[誉] 必其行也，其言之忻，使人督之。

《经上》(30)：诽，明恶也。

《经说上》(30)：[诽] 必其行也，其言之怍。

《经上》(34)：君，臣萌通约也。

《经说上》(34)：[君] 以若名者也。

《经上》(35)：功，利民也。

《经说上》(35)：[功] 不待时，若衣裘。

《经上》(36)：赏，上报下之功也。

《经说上》(36)：[赏] 上报下之功也。

《经上》(37)：罪，犯禁也。

《经说上》(37)：[罪] 不在禁，惟害无罪。殆姑。

《经上》(38)：罚，上报下之罪也。

《经说上》(38)：[罚] 上报下之罪也。

《经上》(47)：益，大也。

《经下》(155)：使殷美，说在使。

《经说下》(155):[使]使，令也。戍使戍，戍不殷，亦使戍。殿使殿，不美，亦使殿。

《经下》(181)：取下以求上也，说在泽。

《经说下》(181):[取]高下以善不善为度，不若山泽。处下善于处上，下所谓上也。

（三）墨家对仁义、礼行、忠孝、任勇、兼爱等问题做出了阐述。

《经上》（7）：仁，体爱也。

《经说上》（7）：[仁] 爱己者，非为用己也，不若爱马。

《经上》（8）：义，利也。

《经说上》（8）：[义] 志以天下为芬，而能能利之，不必用。

《经上》（9）：礼，敬也。

《经说上》（9）：[礼] 贵者公，贱者名，而俱有敬僈焉，等异论也。

《经上》（10）：行，为也。

《经说上》（10）：[行] 所为不善名，行也。所为善名，巧也，若为盗。

《经上》（11）：实，荣也。

《经说上》（11）：[实] 其志气之见也。使人如己，不若金声玉服。

《经上》（12）：忠，以为利而强低也。

《经说上》（12）：[忠] 不利，弱孩足将入井，止容。

《经上》（13）：孝，利亲也。

《经说上》（13）：[孝] 以亲为芬，而能能利亲，不必得。

《经上》（15）佴，自作也。

《经说上》（15）：[佴] 与人遇人，众循。

《经上》（16）：誚，作嗛也。

《经说上》（16）：[誚] 为是为是之台彼也，弗为也。

《经上》（17）：廉，作非也。

《经说上》（17）：[廉] 己惟为之，知其也䫀也。

《经上》（19）：任，士损己而益所为也。

《经说上》（19）：[任] 为身之所恶，以成人之所急。

《经上》（20）：勇，志之所以敢也。

《经说上》(20):[勇] 以其敢于是也，命之；不以其不敢于彼也，害之。

《经下》(136):无不让也，不可，说在酤。

《经说下》(136):[无] 让者酒，未让酤也，不可让也。若殆于城门与于臧也。

《经下》(173):无穷不害兼，说在盈否。

《经说下》(173):[无]“南者有穷则可尽，无穷则不可尽。有穷无穷未可智，则可尽不可尽未可智。人之盈之否未可智，而必人之可尽不可尽亦未可智。而必人之可尽爱也，悖。”人若不盈无穷，则人有穷也。尽有穷，无难。盈无穷，则无穷尽也。尽有穷，无难。

《经下》(174):不知其数而知其尽也，说在问者。

《经说下》(174):[不] 不智其数，恶智爱民之尽之也？或者遗乎其问也？尽问人，则尽爱其所问。若不智其数而智爱之尽之也，无难。

《经下》(175):不知其所处，不害爱之，说在丧子者。

《经下》(176):仁义之为内外也，悖，说在仵颜。

《经说下》(176):[仁]仁，爱也。义，利也。爱利，此也。所爱所利，彼也。爱利不相为内外，所爱利亦不相为外内。其为仁内也，义外也，举爱与所利也，是狂举也。若左目出，右目入。

第七章 墨子《经》《说》表

导语：西晋鲁胜曾经指出了“引《说》就《经》，各附其章”这一阅读《墨经》的正确方法，但是由于其书不传，而流传下来的本子依然是混写成篇，并未分条开列。毕沅在《墨子》一书中，根据《经上》篇有“读此书旁行”一语，作成《新考定经上篇》，将《经上》篇的条目分上下两行横列。张惠言在总结毕沅等人工作的基础上，将狭义《墨经》四篇逐条拆开，分条“引《说》就《经》”，作成《墨子经说解》，从而基本恢复了鲁胜《墨辩注》的面貌，从根本上恢复了鲁胜“引《说》就《经》，各附其章”这一阅读狭义《墨经》四篇的正确方法。高亨在全面总结前人研究的基础上，进一步制作了《墨子经说表》，认为《墨子》初本《经》文二篇，皆上下两栏分条编次，旁行读之。《经说》二篇则分为：解释《经》文上栏者为前半篇，解说《经》文下栏者为后半篇。高亨所制成的《墨子经说表》可以说是基本上恢复了《墨子》初本《经》文的面貌。现对高亨所制成的《墨子经说表》稍微做些修改，收录于下，以便于读者解读和研究《墨经》。

一、表上

条次	经上上栏	经说上前半篇	条次	经上下栏	经说上后半篇
1	故，所得而後成也。	[故] 小故，有之不必然，無之必不然。體也，若有端。大故，有之必無然，若見之成見也。	51	止，以久也。	[止] 無久之不止，當牛非馬，若夫過楹。有久之不止，當馬非馬，若人過梁。
2	體，分於兼也。	[體] 若二之一，尺之端也。	52	必，不已也。	[必] 謂臺執者也，若弟兄。一然者一不然者，必不必也，是非必也。
3	知，材也。	[知材] 知也者，所以知也，而必知，若明。	53	平，同高也。	
4	慮，求也。	[慮] 慮也者，以其知有求也，而不必得之，若睨。	54	同長，以缶相盡也。	[同] 捷與狂之同長也。
5	知，接也。	[知] 知也者，以其知過物而能貌之，若見。	55	中，同長也。	心中，自是往相若也。
6	恕，明也。	[恕] 恕也者，以其知論物，而其知之也著，若明。	56	厚，有所大也。	[厚] 惟無所大。
7	仁，體愛也。	[仁] 愛己者，非為用己也，不若愛馬。著若明。	57	日中，缶南也。	
8	義，利也。	[義] 志以天下為芬，而能能利之，不必用。	58	直，參也。	

续表

条次	经上上栏	经说上前半篇
9	禮，敬也。	[禮] 貴者公，賤者名，而俱有敬僈焉，等異論也。
10	行，為也。	[行] 所為不善名，行也。所為善名，巧也，若為盜。
11	實，榮也。	[實] 其志氣之見也。使人如己，不若金聲玉服。
12	忠，以為利而强低也。	[忠] 不利，弱子亥足將入，止容。
13	孝，利親也。	[孝] 以親為芬，而能能利親，不必得。
14	信，言合於意也。	[信] 不以其言之當也，使人視城得金。
15	佴，自作也。	[佴] 與人遇人，衆，愊。
16	誷，作嗛也。	[誷] 為是為是之台彼也，弗為也。

条次	经上下栏	经说上后半篇
59	圜，一中同長也。	[圜] 規寫支也。
60	方，柱隅四讙也。	[方] 矩見支也。
61	倍，為二也。	[倍] 二尺與尺但去一。
62	端，體之無序而最前者也。	[端] 是無同也。
63	有間，中也。	[有聞] 謂夾之者也。
64	間，不及旁也。	[聞] 謂夾者也。尺前於區穴而後於端，不夾於端與區內。及及，非齊之及也。
65	纑，間虛也。	[纑] 虛也者，兩木之間，謂其無木者也。
66	盈，莫不有也。	[盈] 無盈無厚。

续表

条次	经上上栏	经说上前半篇
17	慊，作非也。	[慊] 己惟為之，知其䵷也。
18	令，不為，所作也。	所令，非身弗行。
19	任，士損己而益所為也。	[任] 為身之所惡，以成人之所急。
20	勇，志之所以敢也。	[勇] 以其敢於是也，命之；不以其不敢於彼也，害之。
21	力，刑之所以奮也。	[力] 重之謂，下與重，奮也。
22	生，刑與知處也。	[生] 楹之生，商不可必也。
23	臥，知無知也。	[臥]
24	夢，臥而以為然也。	[夢]
25	平，知無欲惡也。	[平] 惔然。

条次	经上下栏	经说上后半篇
67	堅白，不相外也。	於尺，無所往而不得，得二。堅，異處不相盈，相非，是相外也。
68	攖，相得也。	[攖] 尺與尺俱不盡，端無端但盡，尺與或盡或不盡，堅白之攖相盡，體攖不相盡。
69	似，有以相攖，有不相攖也。	[仳] 兩有端而后可。
70	次，無間而不攖攖也。	[次] 無厚而厚可。
71	法，所若而然也。	[法] 意、規、員，三也，俱可以為法。
72	佴，所然也。	[佴] 然也者，民若法也。
73	說，所以明也。	
74	攸，不可兩不可也。	[彼] 凡牛，樞非牛，兩也，無以非也。
75	辯，争攸也。辯勝，當也。	[辯] 或謂之牛，或謂之非牛，是爭彼也。是不俱當。不俱當，必或不當，不若當犬。

续表

条次	经上上栏	经说上前半篇
26	利，所得而喜也。	[利] 得是而喜，則是利也。其害也，非是也。
27	害，所得而惡也。	[害] 得是而惡，則是害也。其利也，非是也。
28	治，求得也。	[治] 吾事治矣。人有治，南北。
29	譽，明美也。	[譽] 之必其行也，其言之忻，使人督之。

条次	经上下栏	经说上后半篇
76	為，窮知而縣於欲也。	[為] 欲䪢其指，智不知其害，是智之罪也。若智之慎文也，無遺於其害也，而猶欲䪢之，則離之，是猶食脯也。騷之利害，未知也。欲而騷，是不以所疑止所欲也。廧外之利害，未可知也。趨之而得力，則弗趨也，是以所疑止所欲也。觀為窮智而縣於欲之理，䪢脯而非恕也，䪢指而非愚也，所為與不所與為相疑也，非謀也。
77	已，成、亡。	[已] 為衣，成也。治病，亡也。
78	使，謂、故。	[使] 令謂，謂也，不必成。濕，故也，必待所為之成也。
79	名，達、類、私。	[名] 物，達也，有實必待文多也命之。馬，類也，若實也者，必以是名也命之。臧，私也，是名也，止於是實也。聲出口，俱有名，若姓宇灑。

续表

条次	经上上栏	经说上前半篇	条次	经上下栏	经说上后半篇
30	誹，明惡也。	［誹］必其行也，其言之忻。	80	謂，移、舉、加。	［謂］狗、犬，命也。狗犬，舉也。叱狗，加也。
31	舉，擬實也。	［譽］告以文名，舉彼實也。	81	知，聞、説、親、名、實、合、為。	［知］傳受之，聞也。方不庫，説也。身觀焉，親也。所以謂，名也。所謂，實也。名實耦，合也。志行，為也。
32	言，出舉也。	故言也者，諸口能之，出民者也。民若畫俿也。言，也謂。言猶石致也。	82	聞，傳、親。	［聞］或告之，傳也。身觀焉，親也。
33	且，且言然也。	［且］自前曰且，自後曰已，方然亦且。若石者也。	83	見，體、盡。	［見］時者，體也。二者，盡也。
34	君，臣萌通約也。	［君］以若名者也。	84	合，缶、宜、必。	［古］兵立反中，志工正也。臧之為，宜也。非彼必不有，必也。聖者用而勿必，必也者可勿疑。
35	功，利民也。	［功］不待時，若衣裘。	85	欲缶權利，且惡缶權害。	仗者兩而勿偏。
36	賞，上報下之功也。	［賞］上報下之功也。	86	為，存、亡、易、蕩、治、化。	［為］早臺，存也。病，亡也。買鬻，易也。霄盡，蕩也。順長，治也。鼃買，化也。

续表

条次	经上上栏	经说上前半篇	条次	经上下栏	经说上后半篇
37	罪，犯禁也。	[罪]不在禁，惟害無罪，殆姑。	87	同，重、體、合、類。	[同]二名一實，重同也。不外於兼，體同也。俱處於室，合同也。有以同，類同也。
38	罰，上報下之罪也。	[罰]上報下之罪也。	88	異，二、體、不合、不類。	[異]二必異，二也。不連屬，不體也。不同所，不合也。不有同，不類也。
39	同，異而俱於之一也。	[侗]二人而俱見是楹也。若事君。	89	同異交得，放有無。	[同異交得]於福家良恕，有無也。比度，多少也。免蚓還園，去就也。鳥折用桐，堅柔也。劍尤早，死生也。處室子，子母，長少也。兩絶勝，白黑也。中央，旁也。論行、行行、學實，是非也。難宿，成未也。兄弟，俱適也。身處志往，存亡也。霍，為姓故也。賈宜，貴賤也。
40	久，彌異時也。	今久古今且莫。			
41	守，彌異所也。	[宇]東西家南北。	90	聞，耳之聰也。	
42	窮，或有前不容尺也。	[窮]或不容尺，有窮；莫不容尺，無窮也。	91	循所聞而得其意，心也察也。	
43	盡，莫不然也。	[盡]但止動。	92	言，口之利也。	

续表

条次	经上上栏	经说上前半篇	条次	经上下栏	经说上后半篇
44	始，當時也。	[始]時或有久，或無久。始當無久。	93	執所言而意得見，心之辯也。	
45	化，徵易也。	[化]若鼃為鶉。	94	諾，不一，利用。	[諾]超城員止也。相從、相去、先知、是、可。五色、長短、前後、輕重，援。
46	損，偏去也。	[損]偏也者，兼之體也。其體或去存，謂其存者損。	95	服，執說，音利。	[服]執難。成言務成之。九則求執之。
47	大益。		96	巧轉则求其故。	
48	儇稘秖。	[儇]昫民也。	97	法同則觀其同。	[法]法取同，觀巧傳。
49	庫，易也。	[庫]區穴若斯貌常。	98	法異則觀其宜。	[法]取此擇彼，問故觀宜。『以人之有黑者有不黑者也，止黑人』，與『以有愛於人有不愛於人，心愛人』，是孰宜？
50	動，或從也。	[動]偏祭從者，户樞免瑟。	99	止，因以别道。	[心]彼舉然者，以為此其然也，則舉不然者而問之。若聖人有非而不非。
	读此书旁行。		100	缶，無非。	[正]五諾，皆人於知。有說，過五諾，若員無直。無說，用五諾，若自然矣。

二、表下

条次	经下上栏	经说下前半篇
101	止，類以行人，説在同。	［止］彼以此其然也，説是其然也，我以此其不然也，疑是其然也。
102	推類之難，説在之大小、物盡、同名、二與鬭、愛、食與招、白與視、麗與、夫與履。	謂四足，獸與？生鳥與？物盡與？大小也。此然是必然，則俱為麋，同名。俱鬭不俱二，三與鬭也。包肝肺子，愛也。橘茅，食與招也。白馬多白，視馬不多視，白與視也。為麗不必麗，不必，麗與暴也。為非以人，是不為非，若為夫勇，不為夫。為屨以買衣，為屨，夫與屨也。
103	一，偏棄之。	二，與一，亡；不與一，在，偏去。

条次	经下下栏	经说下后半篇
142	所存與者，於存與孰存，駟異説。	［所］室堂，所存也。其子，存者也。據在者而問室堂，惡可存也？主室堂而問存者，孰存也？是一主存者以問所存，一主所存以問存者。
143	五行毋常勝，説在宜。	［五］合水土火火，離然。火鑠金，火多也。金靡炭，金多也。合之府水，木離木。若識麋與魚之數，惟所利。

续表

条次	经下上栏	经说下前半篇
104	謂而固是也，說在因。	［未］有文實也，而後謂之。無文實也，則無謂也。不若敷與美。謂是，則是固美也；謂也，則是非美無謂，則報也。
105	不可偏去而二，說在見與俱、一與二、廣與循。	見不見離，一二不相盈，廣循、堅白。
106	不能而不害，說在害。	舉不重不與箴，非力之任也。為握者之觭倍，非智之任也。若耳目。
107	異類不吡，說在量。	［異］木與夜孰長？智與粟孰多？爵、親、行、賈，四者孰貴？麋與霍孰高？麋與霍孰霍？蚓與瑟孰瑟？
108	偏去莫加少，說在故。	［偏］俱一、無變。

条次	经下下栏	经说下后半篇
144	無欲惡之為益損也，說在宜。	［無］欲惡傷生損壽，說以少連。是誰愛也？嘗多粟。或者欲不有能傷也，若酒之於人也。且恕人利人，愛也，則惟恕弗治也。
145	損而不害，說在餘。	［損］飽者去餘，適足不害，能害飽。若傷麋之無脾也。且有損而后益智者，若瘧病之之於瘧也。
146	知而不以五路，說在久。	［智］以目見，而目以火見，而火不見。惟以五路智久，不當以目見，若以火見。
147	必熱，說在頓。	［火］謂火熱也，非以火之熱我有，若視日。

续表

条次	经下上栏	经说下前半篇
109	假必誖，説在不然。	［假］假必非也而後假。狗假霍也，猶氏霍也。
110	物之所以然，與所以知之，與所以使人知之，不必同，説在病。	［物］或傷之，然也。見之，智也。吉之，使智也。
111	疑，説在逢、循、遇、過。	［疑］蓬為務則士，為牛廬者夏寒，蓬也。舉之則輕，廢之則重，非有力也。沛從削，非巧也。若石羽。楯也。鬪者之敝也以飲酒，若以日中，是不可智也，愚也。智與？以已為然也與？愚也。
112	合，與一，或復否，説在拒。	
113	歐物一體也，説在俱一、惟是。	［俱］俱一，若牛馬四足。惟是，當牛馬。數牛數馬則牛馬二，數牛馬則牛馬一。若數指，指五而五一。

条次	经下下栏	经说下后半篇
148	知其所以不知，説在以名取。	［智］雜所智與所不智而問之，則必曰：『是所智也。是所不智也。』取去俱能之，是兩智之也。
149	無不必待有，説在所謂。	［無］若無焉，則有之而後無。無天陷，則無之而無。
150	擢慮不疑，説在有無。	［擢］疑無謂也。臧也今死，而春也得文，文死也可。
151	且然不可正，而不害用工，説在宜。	［且］猶是也。且且必然，且已必已。且用工而後已者，必用工而後已。
152	均之絶不，説在所均。	［均］髮均縣輕而髮絶，不均也。均，其絶也莫絶。

续表

条次	经下上栏	经说下前半篇	条次	经下下栏	经说下后半篇
114	宇或從，説在長宇久。	[長] 宇徙而有處。宇宇南北，在且有在莫，宇徙久。	153	堯之義也，生於今而處於古，而異時，説在所義二。	[堯] 霍或以名視人，或以实視人。舉友富商也，是以名視人也。指是臛也，是以實視人也。堯之義也，是聲也於今，所義之實處於古。若殆於城門與於臧也。
			154	狗犬也，而殺狗非殺犬也，可，説在重。	[狗] 狗，犬也，謂之殺犬，可，若兩腂。
			155	使，殷、美，説在使。	[使] 令，使也。我使我，我不使，亦使我。殿戈亦使殿，不美，亦使殿。
115	不堅白，説在無久與宇。		156	荆之大，其沈淺也，説在具。	[荆] 沈，荆之貝也。則沈淺非荆淺也，若易五之一。
116	堅白，説在因。	無堅得白，必相盈也。	157	以楹為摶，於以為無知也，説在意。	[以] 楹之博也，見之，其於意也不易，先智。意，相也，若楹輕於秋，其於意也洋然。
117	在諸其所然未者然，説在於是推之。	[在] 堯善治，自今在諸古也。自古在之今，則堯不能治也。	158	意未可知，説在可用、過仵。	段、椎、錐，俱事於履，可用也。成繪屨過椎，與成椎過繪屨同，過件也。

续表

条次	经下上栏	经说下前半篇	条次	经下下栏	经说下后半篇
118	景不從，説在改為。	[景] 光至景亡。若在，盡古息。	159	一少於二而多於五，説在建住。	[一] 五有一焉，一有五焉。十，二焉。
119	景二，説在重。	[景] 二光夾一光，一光者景也。	160	非半，弗斱則不動，説在端。	[非] 斱半，進前取也，前則中無為半，猶端也。前後取，則端中也。斱必半，毋與非半，不可斱也。
120	景到，在午有端與景長，説在端。	[景] 光之人，煦若射。下者之人也高，高者之人也下。足蔽下光，故成景於上。首蔽上光，故成景於下。在遠近，有端與於光，故景庫内也。	161	可無也，有之而不可去，説在嘗然。	可無也。已給則當給，不可無也。久，有窮、無窮。
121	景迎日，説在慱。	[景] 日之光反燭人，則景在日與人之間。	162	缶而不可擔，説在慱。	[正] 九，無所處而不中縣，摶也。
122	景之小大，説在地缶、遠近。	[景] 木柂，景短大；木正，景長小。大小於木，則景大於木。非獨小也，遠近。	163	宇進無近，説在敷。	[宇] 傴不可偏舉宇也。進行者，先敷近，後敷遠。

续表

条次	经下上栏	经说下前半篇
123	臨鑑而立，景到。多而若少，說在寡區。	[臨]正鑒，景寡、貌能、白黑、遠近、杝正，異於光。鑒、景當俱，就、去尒當俱，俱用北。鑒者之臭，於鑒無所不鑒。景之臭無數，而必過正。故同處，其體俱然，鑒分。
124	鑑位，量一小而易，一大而缶，說在中之外內。	[鑒]中之內，鑒者近中，則所鑒大，景亦大；遠中，則所鑒小，景亦小，而必正。起於中緣正而長其直也。中之外，鑒者近中，則所鑒大，景亦大；遠中，則所鑒小，景亦小，而必易。合於而長其直也。
125	鑑團，景一天，而必缶，說在得。	[鑒]鑒者近，則所鑒大，景亦大；亦遠，所鑒小，景亦小，而必正。景過正，故招。

条次	经下下栏	经说下后半篇
164	行循以久，說在先後。	[行]者行者，必先近而後遠。遠近，脩也。先後，久也。民行脩必以久也。

续表

条次	经下上栏	经说下前半篇
126	貞而不撓，説在勝。	［負］衡木如重焉，而不撓，極勝重也。右校交繩，無加焉而撓，極不勝重也。衡加重於其一旁，必捶，權、重相若也。相衡則本短標長，兩加焉，重相若，則標必下，標得權也。
127	契與枝板，説在薄。	挈有力也，引無力也。不心所挈之止於施也，繩制挈之也，若以錐剌之。挈，長重者下，短輕者上；上者愈得，下下者愈亡。繩直權重相若，則心矣。收，上者愈喪，下者愈得，上者權重盡，則遂。

条次	经下下栏	经说下后半篇
165	一法者之相與也盡，若方之相召也，説在方。	［一］方貌盡，俱有法而異，或木或石，不害其方之相合也。盡貌猶方也，物俱然。
166	狂舉不可以知異，説在有不可。	［狂］牛與馬惟異，以牛有齒、馬有尾，説牛之非馬也，不可。是俱有，不偏有偏無有。曰：『之與馬不類，用牛有角，馬無角，是類不同也。』若舉牛有角、馬無角，以是為類之不同也，是狂舉也。猶牛有齒、馬有尾。
167	牛馬之非牛，與可之同，説在兼。	『或不非牛而非牛也，可，則或非牛或牛而牛也，可。故曰：牛馬非牛也，未可。牛馬牛也，未可。』則或可或不可。而曰：『牛馬牛也未可。』亦不可。且牛不二，馬不二，而牛馬二。則牛不非牛，馬不非馬，而牛馬非牛非馬，無難。

续表

条次	经下上栏	经说下前半篇
128	倚者不可正，說在剃。	［倚］倍、拒、堅、䠶，倚焉則不正。挈，兩輪高，兩輪為輲，車梯也。重其前，弦其前，載弦其前，載弦其軲，而縣重於其前。是梯挈，且挈則行。凡重，上弗挈，下弗收，旁弗劫，則下直。扡，或害之也。沶梯者不得沶直也。今也廢尺於平地，重不下，無跨也。若夫繩之引軲也，是猶自舟中引横也。
129	推之必往，說在廢材。	［誰］竮石絫石耳，夾寢者法也。方石去地尺，關石於其下，縣絲於其上，使適至方石。不下，柱也。膠絲去石，挈也。絲絕，引也。未變而名易，收也。

条次	经下下栏	经说下后半篇
168	循此循此與彼此同，說在異。	［彼］正名者，彼此。彼此可：彼彼止於彼，此此止於此。彼此不可：彼且此也。彼此亦可：彼此止於彼此。若是而彼此也，則彼亦且此此也。
169	唱和同患，說在功。	『唱無過，無所周，若粺。和無過，使也，不得已。』唱而不和，是不學也。智少而不學，必寡。和而不唱，是不教也。智而不教，功適息。使人奪人衣，罪或輕或重。使人予人酒，或厚或薄。

续表

条次	经下上栏	经说下前半篇
130	買無貴，説在仮其賈。	[買]刀糴相為賈。刀輕則糴不貴。刀重則糴不易。王刀無變。糴有變。歲變糴，則歲變刀。若鬻子。
131	賈宜則讐，説在盡。	[賈]盡也者，盡去其以不讐也。其所以不讐去，則讐，缶賈也。宜不宜缶欲不欲，若敗邦、鬻室、嫁子。
132	無説而懼，説在弗心。	[無]子在軍，不必其死生，聞戰，亦不必其生。前也不懼，今也懼。

条次	经下下栏	经说下后半篇
170	聞所不知若所知，則兩知之，説在告。	[聞]在外者所不知也。或曰：『在室者之色，若是其色。』是所不智若所智也。猶白若黑也，誰勝。是若其色也。若白者必白。今也智其色之若白也，故智其白也。夫名，以所明正所不智，不以所不智疑所明。若以尺度所不智長。外，親智也。室中，説智也。
171	以言為盡誖，誖，説在其言。	[以]誖不可也。出入之言可，是不誖，則是有可也。之人之言不可，以當必不審。
172	惟吾謂，非名也，則不可，説在仮。	[惟]謂是霍可，而猶之非夫霍也。謂彼是是也，不可，謂者毋惟乎其謂。彼猶惟乎其謂，則吾謂不行。彼若不惟其謂，則不行也。

续表

条次	经下上栏	经说下前半篇
133	或過名也，說在實。	［或］知是之非此也，有知是之不在此也，然而謂此南北，過而以已為然。始也謂此南方，故今也謂此南方。
134	知知之否之足用也，諄，說在無以也。	［智］論之，非智無以也。
135	謂辯無勝，必不當，說在辯。	［謂］所謂非同也，則異也。同則或謂之狗，其或謂之犬也。異則或謂之牛，牛或謂之馬也。俱無勝，是不辯也。辯也者，或謂之是，或謂之非。當者勝也。

条次	经下下栏	经说下后半篇
173	無窮不害兼，說在盈否。	［無］『南者有窮則可盡，無窮則不可盡。有窮無窮未可智，則可盡不可盡不可盡未可智。人之盈之否未可智，而必人之可盡不可盡亦未可智。而必人之可盡愛也，誖。』人若不盈先窮，則人有窮也。盡有窮無難。盈無窮，則無窮盡也。盡有窮，無難。
174	不知其數而知其盡也，說在明者。	［不］二智其數，惡智愛民之盡文也？或者遺乎其問也。盡問人，則盡愛其所問。若不智其數而智愛之盡文也，無難。
175	不知其所處，不害愛之，說在喪子者。	

续表

条次	经下上栏	经说下前半篇
136	無不讓也，不可，說在始。	[無] 讓者酒，未讓始也，不可讓也。
137	於一，有知焉，有不知焉，說在存。	[於] 石一也，堅白二也，而在石。故有智焉，有不智焉，可。
138	有指於二，而不可逃，說在以二絫。	[有指] 子智是，有智是吾所先舉，重則。子智是，而不智吾所先舉也，是一。謂有智焉，有不智焉，可。若智之，則當指之智告我，則我智之，兼指之以二也。衡指之，參直之也。若曰，『必獨指吾所舉，毋舉吾所不舉』，則者固不能獨指。所欲相不傳，意若未校。且其所智是也，所不智是也，則是智是之不智也，惡得為一，謂而有智焉，有不智焉。

条次	经下下栏	经说下后半篇
176	仁義之為外內也內，說在仵顏。	[仁] 仁愛也。義利也。愛利，此也。所愛所利，彼也。愛利不相為內外。所愛利亦不相為外內。其為仁內也義外也，舉愛與所利也，是狂舉也。若左目出、右目入。
177	學之益也，說在誹者。	學也，以為不知學之無益也，故告之也，是使智學之無益也，是教也。以學為無益也教，誖。
178	誹之可否，不以衆寡，說在可非。	[誹] 論誹之可不可以理。之可誹，雖多誹，其誹是也。其理不可非，雖少誹，非也。今也謂多誹者不可，是猶以長論短。

续表

条次	经下上栏	经说下前半篇	条次	经下下栏	经说下后半篇
139	所知而弗能指，説在春也、逃臣、狗犬、貴者。	[所]春也，其執固不可指也。逃臣，不智其處。狗犬，不智其名也。遺者，巧弗能兩也。	179	非誹者諄，説在弗非。	不誹，非已之誹也。不非誹，非可非也，不可非也，是不非誹也。
140	知狗而自謂不知犬，過也，説在重。	[智]智狗重智犬，則過；不重則不過。	180	物箕不甚，説在若是。	[物]甚長，甚短，莫長於是，莫短於是。是之是也，非是也者，莫甚於是。
141	通意後對，説在不知其誰謂也。	[通]問者曰：『子智𩣡乎？』應之曰：『𩣡何謂也？』彼曰：『𩣡施。』則智之。若不問𩣡何謂，徑應以弗智，則過。且應必應問之時，若應長。應有深淺，天常中在兵人長。	181	取下以求上也，説在澤。	[取]高下以善不善為度，不若山澤。處下善於處上，下所請上也。
			182	是是與是同，説在不州。	[是]不是，則是且是焉。今是文於是，而不於是，故是不文。是不文則是而不文焉。今是不文於是，而文於是。故文與是不文同説也。

第八章　墨子《经》《说》原文

导语：明代正统十年刊行的《道藏》本《墨子》五十三篇，是迄今为止关于墨家学派最早并且最可靠的文本，而狭义《墨经》正是指其中的第四十篇《经上》、第四十一篇《经下》、第四十二篇《经说上》、第四十三篇《经说下》。《经说上》是对《经上》的解释，《经说下》则是对《经下》的解释。结合《经说》的内容，我们可以看出，无论《经上》还是《经下》，其最初文本必定体现为“上下两栏，分条编次，旁行读之”。我们在这里附上墨子《经》《说》原文，便于大家研究。

一、《墨子》第四十篇《经上》

故，所得而後成也。止，以久也。體，分於兼也。必，不已也。知，材也。平，同高也。慮，求也。同長，以缶相盡也。知，接也。中，同長也。恕，明也。厚，有所大也。仁，體愛也。日中，缶南也。義，利也。直，參也。禮，敬也。圜，一中同長也。行，為也。方，柱隅四讙也。實，榮也。倍，為二也。忠，以為利而强低也。端，體之無序而最前者也。孝，利親也。有間，中也。信，言合於意也。間，不及旁也。佴，自作也。纑，間虛也。諿，作嗛也。盈，莫不有也。廉，作非也。堅白，不相外也。令，不為所作也。攖，相得也。任，士損己而益所為也。似，有以相攖，有不相攖也。勇，志之所以敢也。次，無間而不攖攖也。力，刑之所以奮也。法，所若而然也。生，刑與知處也。佴，所然也。卧，知無知也。説，所以明也。夢，卧而以為然也。攸，不可兩不可也。平，知無欲惡也。辯，争攸也。辯勝，當也。利，所得而喜也。為，窮知而縣於欲也。害，所得而惡也。已，成、亡。治，求得也。使，謂、故。譽，明美也。名，達、類、私。誹，明惡也。謂，移、舉、加。舉，擬實也。知，聞、說、親、名、實、合、為。言，出舉也。聞，傳、親。且，且言然也。見，體、盡。君，臣萌通約也。合，缶、宜、必。功，利民也。欲缶權利，且惡缶權害。賞，上報下之功也。為，存、亡、易、蕩、治、化。罪，犯禁也。同，重、體、合、類。罰，上報下之罪也。異，二、體、不合、不類。同，異而俱於之一也。同異交得，放有無。久，彌異時也。守，彌異所也。聞，耳之聰也。窮，或有前不容尺也。循所聞而得其意，心也察也。盡，莫不然也。言，口之利也。始，當時也。執所言而意得見，心之辯也。化，徵易也。諾，不一，利用。損，偏去也。服，執說，音利。巧轉則求其故。大益。儇，秪秖。法同則觀其同。庫，易也。法異則觀其宜。動，或從也。止，因以別道。讀此書旁行。缶無非。

二、《墨子》第四十一篇《经下》

止，類以行人，說在同。所存與者，於存與孰存，駟異說。推類之難，說在之大小。五行毋常勝，說在宜。物盡同名，二與鬬，愛，食與招，白與視，麗與，夫與履。一偏棄之。謂而固是也，說在因。不可偏去而二，說在見與俱、一與二、廣與循。無欲惡之為益損也，說在宜。不能而不害，說在害。損而不害，說在餘。異類不吡，說在量。知而不以五路，說在久。偏去莫加少，說在故。必熱，說在頓。假必誖，說在不然。知其所以不知，說在以名取。物之所以然、與所以知之、與所以使人知之，不必同，說在病。無不必待有，說在所謂。疑，說在逢、循、遇、過。擢慮不疑，說在有無。合與一，或復否，說在拒。且然不可正，而不害用工，說在宜。歐物一體也，說在俱一、惟是。均之絶不，說在所均。宇或從，說在長宇久。堯之義也，生於今而處於古，而異時，說在所義二。臨鑑而立，景到，多而若少，說在寡區。狗，犬也，而殺狗，非殺犬也，可，說在重。鑑位，量一小而易，一大而缶，說在中之外內。使，殷、美，說在使。鑑團景一。不堅白，說在。荆之大，其沈淺也，說在具。無久與宇。堅白，說在因。以檻為摶，於以為無知也，說在意。在諸其所然未者然，説在於是推之。意未可知，説在可用、過仵。景不從，説在改為。一少於二而多於五，説在建住。景二，説在重。非半，弗斱則不動，説在端。景到，在午有端與景長，説在端。可無也，有之而不可去，説在嘗然。景迎日，説在愽。缶而不可擔，説在摶。景之小大，説在地缶遠近。宇進無近，説在敷。天而必缶，説在得。行循以久，説在先後。貞而不撓，説在勝。一法者之相與也盡，若方之相召也，説在方。契與枝板，説在薄。狂舉不可以知異，説在有不可。牛馬之非牛，與可之同，説在兼。倚者不可正，説在剃。循此循此與彼此同，説在異。推之必往，説在廢材。唱和同患，説在功。買無貴，説在仮其賈。聞所不知若所知，則兩知之，説在告。賈宜則讐，説在盡。以言為盡諱，諱，説在其言。無説而懼，説在弗心。惟吾謂，非名也，則不可，説在仮。或過名也，説在實。無窮不害兼，説在盈否。知知之，否之，足用也，諄，説在無以也。不知其數而知其盡也，説在明者。謂辯無勝，必不當，説在辯。不知其所處，不害愛之，説在喪子者。無不讓也，不可，説在始。仁義之為外内也内，説在仵顏。於一，有知焉，有不知焉，説在存。學之益也，説在誹者。有指於二而不可逃，説在以二絫。誹之可否，不以衆寡，説在可非。所知而弗能指，説在春也、逃臣、狗犬、貴者。非誹者諄，説在弗非。知狗而自謂不知犬，過也，説在重。物箕不甚，説在若是。通意後對，説在不知其誰謂也。取下以求上也，説在澤。是是與是同，説在不州。

三、《墨子》第四十二篇《经说上》

故：小故有之不必然，無之必不然，體也，若有端。大故有之必無然，若見之成見也。體：若二之一、尺之端也。知材：知也者，所以知也，而必知，若明。慮：慮也者，以其知有求也，而不必得之，若睨。知：知也者以其知過物，而能貌之，若見。恕：恕也者，以其知論物，而其知之也著，若明。仁：愛己者非為用己也，不若愛馬。著若明。義：志以天下為芬，而能能利之，不必用。禮：貴者公，賤者名，而俱有敬僈，焉等異論也。行：所為不善名，行也。所為善名，巧也，若為盜。實：其志氣之見也，使人如己，不若金聲玉服。

忠：不利，弱子亥足將入，止容。孝：以親為芬，而能能利親，不必得。信：不以其言之當也，使人視城得金。佴：與人遇，人衆，惰。誚：為是為是之台彼也，弗為也。廉：己惟為之，知其䫌也。所令，非身弗行。任：為身之所惡，以成人之所急。勇：以其敢於是也，命之；不以其不敢於彼也，害之。力：重之謂，下與重，舊也。生：楹之生，商不可必也。卧：。夢：。平：惔然。利：得是而喜，則是利也。其害也，非是也。害：得是而惡，則是害也。其利也，非是也。治：吾事治矣。人有治，南北。譽：之必其行也，其言之忻。使人督之。誹：必其行也，其言之忻。譽：告以文名，舉彼實也。故言也者，諸口能之，出民者也。民若畫俿也。言，也謂，言猶石致也。且：自前曰且，自後曰已，方然亦且。若石者也。君：以若名者也。功：不待時，若衣裘。功：不待時，若衣裘。賞：罪不在禁，惟害無罪，殆姑。上報下之功也。罰：上報下之罪也。侗：二人而俱見是楹也，若事君。今久古今且莫。宇：東西家南北。窮：或不容尺有窮，莫不容尺無窮也。盡：但止、動。始：時或有久，或無久，始當無久。化：若鼃為鶉。損：偏也者，兼之體也。其體或去存，謂其存者損。儇：昫民也。庫：區穴若斯貌常。動：偏祭從者，户樞免瑟。

止：無久之不止，當牛非馬，若夫過楹。有久之不止，當馬非馬，若人過梁。必：謂臺孰者也，若弟兄。一然者一不然者，必不必也，是非必也。同：捷與狂之同長也。心中，自是往相若也。厚：惟無所大。圜：規寫支也。方：矩見支也。倍：二尺與尺但去一。端：是無同也。有聞：謂夾之者也。聞：謂夾者也。尺前於區穴而後於端，不夾於端與區内。及及，非齊之及也。纑：虚也者，兩木之間，謂其無木者也。盈：無盈無厚。於尺，無所往而不得，得二。堅，異處不相盈，相非，是相外也。攖：尺與尺俱不盡，端無端但盡，尺與或盡或不盡，堅白之攖相盡，體攖不相盡。端。仳：兩有端而后可。次：無厚而厚可。法：意規員三也，俱可以為法。佴：然也者，民若法也。彼：凡牛，樞非牛，兩也，無以非也。辯：或謂之牛，或謂之非牛，是爭彼也。是不俱當。不俱當，必或不當，不若當犬。為：欲䧴其指，智不知其害，是智之罪也；若智之慎文也，無遺於其害也，而猶欲䧴之，則離之，是猶食脯也。騷之利害，未知也，欲而騷，是不以所疑止所欲也。廧外之利害，未可知也，趨之而得力，則弗趨也，是以所疑止所欲也。觀為窮知而縣於欲之理，雜脯而非恕也，雜指而非愚也，所為與不所與為相疑也，非謀也。已：為衣，成也。治病，亡也。使：令謂，謂也，不必成。濕，故也，必待所為之成也。名：物，達也，有實必待文多也命之。馬，類也，若實也者，必以是名也命之。臧，私也，是名也，止於是實也。聲出口，俱有名，若姓宇灑。謂狗犬，命也。狗犬，舉也。叱狗，加也。知：傳受之，聞也。方不庫，説也。身觀焉，親也。所以謂，名也。所謂，實也。名實耦，合也。志行，為也。聞：或告之，傳也。身觀焉，親也。見：時者，體也；二者，盡也。古：兵立反中，志工正也。臧之為，宜也。非彼必不有，必也。聖者用而勿必，必也者可勿疑。仗者兩而勿偏。為：早臺，存也。病，亡也。買鬻，易也。霄盡，蕩也。順長，治也。鼃買，化也。同：二名一實，重同也。不外於兼，體同也。俱處於室，合同也。有以同，類同也。異：二必異，二也。不連屬，不體也。不同所，不合也。不有同，不類也。同異交得：於福家良恕，有無也。比度，多少也。免蚓還園，去就也。鳥折用桐，堅柔也。劍尤早，死生也。處室子，子母，長少也。兩絶勝，白黑也。中央，旁也。論行、行行、學實，是非也。難宿，成未也。兄弟，俱適也。身處志往，存亡也。霍，為姓故也。賈宜，貴賤也。諾：超城員止也。相從、相去、先知、是、可。五色、長短、前後、輕重，援。執服難。成言務成之。九則求執之。法：法取同，觀巧傳。法：取此擇彼，問故觀宜。以人之有黑者有不黑者也，止黑人；與以有愛於人有不愛於人，心愛人。是孰宜？心：彼舉然者，以為此其然也，則舉不然者而問之。若聖人有非而不非。正五諾，皆人於知，有説，過五諾，若負無直。無説，用五諾，若自然矣。

四、《墨子》第四十三篇《经说下》

止：彼以此其然也，説是其然也，我以此其不然也，疑是其然也。謂四足，獸與？生鳥與？物盡與？大小也。此然是必然，則俱為麋，同名。俱鬭不俱二，三與鬭也。包肝肺子，愛也。橘茅，食與招也。白馬多白，視馬不多視，白與視也。為麗不必麗，不必，麗與暴也。為非以人，是不為非，若為夫勇不為夫；為屨以買衣，為屨，夫與屨也。二，與一，亡；不與一，在，偏去。未有文實也，而後謂之；無文實也，則無謂也。不若敷與美。謂是則是固美也，謂也則是非美，無謂則報也。見不見離，一二不相盈，廣循、堅白。舉不重不與箴，非力之任也。為握者之觭倍，非智之任也。若耳目。異：木與夜孰長？智與粟孰多？爵、親、行、賈四者孰貴？麋與霍孰高？麋與霍孰霍？蚓與瑟孰瑟？偏：俱一、無變。假：假必非也而後假。狗假霍也，猶氏霍也。物：或傷之，然也。見之，智也。吉之，使智也。疑：蓬為務則士，为牛廬者夏寒，蓬也。舉之則輕，廢之則重，非有力也。沛從削，非巧也。若石羽。楯也。鬬者之敝也以飲酒，若以曰中，是不可智也，愚也。智與？以已為然也與？愚也。俱：俱一，若牛馬四足。惟是當牛馬，數牛數馬則牛馬二，數牛馬則牛馬一。若數指，指五而五一。長：宇徙而有處，宇宇南北，在且有在莫，宇徙久。無堅得白，必相盈也。在：堯善治，自今在諸古也。自古在之今，則堯不能治也。景：光至景亡，若在，盡古息。景：二光夾一光，一光者景也。景：光之人煦若射。下者之人也高，高者之人也下。足敝下光，故成景於止。首敝上光，故成景於下。在遠近，有端與於光，故景庫内也。景：日之光反燭人，則景在日與人之間。景：木柂，景短大；木正，景長小。大小於木，則景大於木。非獨小也，遠近。臨：正鑒，景寡，貌能、白黑、遠近、柂正，異於光。鑒景當俱，就去尒當俱，俱用北。鑒者之臭，於鑒無所不鑒。景之臭無數而必過正。故同處，其體俱然，鑒分。鑒：中之內，鑒者近中，則所鑒大，景亦大；遠中，則所鑒小，景亦小，而必正。起於中緣正而長其直也。中之外，鑒者近中，則所鑒大，景亦大；遠中，則所鑒小，景亦小，而必易。合於而長其直也。鑒：鑒者近，則所鑒大，景亦大，亦遠，所鑒小，景亦小，而必正。景過正，故招。負：衡木如重焉，而不撓，極勝重也。右校交繩，無加焉而撓，極不勝重也。衡，加重於其一旁，必捶，權重相若也。相衡則本短標長，兩加焉，重相若，則標必下，標得權也。挈有力也，引無力也。不心所挈之止於施也，繩制挈之也，若以錐刺之。挈，長重者下，短輕者上，上者愈得，下下者愈亡。繩直，權重相若，則心矣。收，上者愈喪，下者愈得，上者權重盡，則遂。挈，兩輪高，兩輪為輲，車梯也。重其前，弦其前，載弦其前，載弦其軲，而縣重於其前。是埰挈，且挈則行。凡重，上弗挈，下弗收，旁弗劫，則下直。扡，或害之也，沶埰者不得沶直也。今也廢尺於平地，重，不下，無跨也。若夫繩之引軲也，是猶自舟中引横也。倚：倍、拒、堅、鼿，倚焉則不正。誰：兟石絫石耳，夾寢者法也。方石去地尺，關石於其下，縣絲於其上，使適至方石，不下、柱也。膠絲去石，挈也。絲絶，引也。未變而名易，收也。買：刀糴相為賈。刀輕則糴不貴。刀重則糴不易。王刀無變。糴有變。歲變糴，則歲變刀。若鬻子。賈：盡也者，盡去其以不讐也。其所以不讐去，則讐。缶賈也，宜不宜缶欲不欲，若敗邦、鬻室、嫁子。無：子在軍，不必其死生，聞戰亦不必其生。前也不懼，今也懼。或：知是之非此也，有知是之不在此也，然而謂此南北，過而以已為然。始也謂此南方，故今也謂此南方。智：論之非智無以也。謂：所謂非同也，則異也。同則或謂之狗，其或謂之犬也。異則或謂之牛，牛或謂之馬也。俱無勝，是不辯也。辯也者，或謂之是，或謂之非。當者，勝也。無：讓者酒，未讓始也，不可讓也。於：石一也，堅白二也，而在石。故有智焉，有不智焉，可。有指：子智是，有智是吾所先舉，重則。子智是，而不智吾所先舉也，是一。謂有智焉，有不智焉也，若智之，則當指之智告我，則我智之，兼指之以二也。衡指之，參直之也。若曰："必獨指吾所舉，毋舉吾所不舉。"則者固不能獨指。所欲相不傳，意若未校。且其所智是也，所不智是也，則是智是之不智也，惡得為一。謂而有智焉，有不智焉。所：春也，其執固不可指也。逃臣，不智其處。狗犬，不智其名也。遺者，巧弗能兩也。智：智狗重智犬，則過，不重則不過。通：問者曰："子智知䚷乎？"應之曰："䚷何謂也？"彼曰："䚷施。"則智之。若不問䚷何謂，徑應以弗智，則過。且應必應問之時，若應長。應有深淺，天常中在兵人長。

所：室堂，所存也。其子，存者也。據在者而問室堂，惡可存也？主室堂而問存者，孰存也？是一主存者以問所存，一主所存以問存者。五：合水土火火。離然。火鑠金，火多也。金靡炭，金多也。合之府水，木離木。若識麋與魚之數，惟所利。無：欲惡傷生損壽，説以少連。是誰愛也，嘗多粟。或者欲不有能傷也，若酒之於人也。且恕人利人，愛也，則惟恕弗治也。損：飽者去餘，適足不害，能害飽，若傷麋之無脾也。且有損而后益智者，若瘧病之之於瘧也。智：以目見，而目以火見，而火不見。惟以五路智久，不當以目見，若以火見。火：謂火熱也，非以火之熱我有，若視曰。智：雜所智與所不智而問之，則必曰："是所智也。是所不智也。"取去俱能之，是兩智之也。無：若無焉，則有之而後無。無天陷，則無之而無。擢：疑，無謂也。臧也今死，而春也得文，文死也可。且：猶是也。且且必然，且已必已。且用工而後已者，必用工而後已。均：髮均，縣輕，而髮绝，不均也。均，其絶也莫絶。堯：霍或以名視人，或以实視人。舉友富商也，是以名視人也。指是臛也，是以實視人也。堯之義也，是聲也於今，所義之實處於古。若殆於城門與於臧也。狗：狗，犬也，謂之殺犬，可，若兩腲。使：令使也。我使我，我不使，亦使我。殿戈亦使殿，不美，亦使殿。荆：沈，荆之貝也，則沈淺非荆淺也，若易五之一。以楹之摶也，見之，其於意也不易，先智意相也。若楹輕於秋，其於意也洋然。段、椎、錐，俱事於履，可用也。成繪屨過椎，與成椎過繪屨同，過件也。一：五有一焉，一有五焉。十，二焉。非：斱半，進前取也，前則中無為半，猶端也。前後取，則端中也。斱必半，毋與非半，不可斱也。可無也，已給則當給，不可無也。久：有窮、無窮。正：九，無所處而不中縣，摶也。傴宇不可偏舉字也。進行者，先敷近，後敷遠。行者：行者必先近而後遠。遠脩近，脩也；先後，久也。民行脩，必以久也。一：方貌盡，俱有法而異，或木或石，不害其方之相合也。盡貌猶方也，物俱然。牛狂與馬惟異，以牛有齒、馬有尾，説牛之非馬也，不可。是俱有，不偏有偏無有。曰："之與馬不類，用牛角馬無角，是類不同也。"若舉牛有角、馬無角，以是為類之不同也，是狂舉也。猶牛有齒、馬有尾。"或不非牛而非牛也，可。則或非牛或牛而牛也，可。故曰：牛馬非牛也，未可；牛馬牛也，未可。"則或可或不可。而曰："牛馬牛也未可。"亦不可。且牛不二，馬不二，而牛馬二。則牛不非牛，馬不非馬，而牛馬非牛非馬，無難。彼：正名者，彼此。彼此可，彼彼止於彼，此此止於此。彼此不可，彼且此也。彼此亦可，彼此止於彼此。若是而彼此也，則彼亦且此此也。“唱無過，無所周，若粺。和無過，使也，不得已。”唱而不和，是不學也。智少而不學，必寡。和而不唱，是不教也。智而不教，功適息。使人奪人衣，罪或輕或重。使人予人酒，或厚或薄。聞：在外者，所不知也。或曰：“在室者之色，若是其色。”是所不智若所智也。猶白若黑也，誰勝？是若其色也。若白者必白。今也智其色之若白也，故智其白也。夫名，以所明正所不智，不以所不智疑所明，若以尺度所不智長。外，親智也。室中，說智也。以：誖不可也。出入之言可，是不誖，則是有可也。之人之言不可，以當必不審。惟：謂是霍可，而猶之非夫霍也，謂彼是是也，不可。謂者毋惟乎其謂。彼猶惟乎其謂，則吾謂不行。彼若不惟其謂，則不行也。無：“南者有窮則可盡，無窮則不可盡。有窮無窮未可智，則可盡不可盡不可盡未可智。人之盈之否未可智，而必人之可盡不可盡亦未可智。而必人之可盡愛也，誖。”人若不盈先窮，則人有窮也。盡有窮，無難。盈無窮，則無窮盡也。盡有窮，無難。不：二智其數，惡智愛民之盡文也？或者遺乎其問也？盡問人，則盡愛其所問。若不智其數而智愛之盡文也，無難。仁：仁，愛也。義，利也。愛利，此也。所愛所利，彼也。愛利不相為内外。所愛利亦不相為外内。其為仁内也義外也，舉愛與所利也，是狂舉也。若左目出、右目入。學也，以為不知學之無益也，故告之也，是使智學之無益也，是教也。以學為無益也教，誖。論誹：誹之可不可以理。之可誹，雖多誹，其誹是也。其理不可非，雖少誹，非也。今也謂多誹者不可，是猶以長論短。不誹，非已之誹也。不非誹，非可非也，不可非也，是不非誹也。物：甚長甚短，莫長於是，莫短於是。是之是也，非是也者，莫甚於是。取：高下以善不善為度，不若山澤。處下善於處上，下所請上也。不是是，則是且是焉。今是文於是，而不於是，故是不文。是不文，則是而不文焉。今是不文於是，而文於是，故文與是不文同說也。

参考文献

[1] 毕沅 . 墨子［M］. 上海 : 上海古籍出版社 ,1995.

[2] 邓高镜 . 墨经新释［M］. 上海 : 商务印书馆 ,1931.

[3] 范耕研 . 墨辩疏证［M］. 上海 : 商务印书馆 ,1935.

[4] 高亨 . 墨经校诠［M］. 北京 : 科学出版社 ,1958.

[5] 姜宝昌 . 墨经训释［M］. 济南 : 齐鲁书社 ,2009.

[6] 李渔叔 . 墨子今注今译［M］. 台北 : 台湾商务印书馆 ,1976.

[7] 李渔叔 . 墨辩新注［M］. 台北 : 台湾商务印书馆 ,1968.

[8] 梁启超 . 墨经校释［M］. 上海 : 商务印书馆 ,1922.

[9] 鲁大东 . 墨辩新注［M］. 上海 : 中华书局 ,1936.

[10] 沈有鼎 . 墨经的逻辑学［M］. 北京 : 中国社会科学出版社 ,1980.

[11] 孙诒让 . 墨子间诂［M］. 孙启治 , 点校 . 北京 : 中华书局 ,2001.

[12] 孙中原 . 墨子解读［M］. 北京 : 中国人民大学出版社 ,2013.

[13] 谭家健 , 孙中原 . 墨子今注今译［M］. 北京 : 商务印书馆 ,2009.

[14] 谭戒甫 . 墨辩发微［M］. 北京 : 中华书局 ,1964.

[15] 谭戒甫 . 墨经分类译注［M］. 北京 : 中华书局 ,1981.

[16] 王焕镳 . 墨子校释［M］. 杭州 : 浙江文艺出版社 ,1984.

[17] 王焕镳 . 墨子校释商兑［M］. 北京 : 中国社会科学出版社 ,1986.

[18] 王焕镳 . 墨子集诂［M］. 上海 : 上海古籍出版社 ,2005.

[19] 王念孙 . 读书杂志［M］. 北京 : 中国书店 ,1985.

[20] 王维庭 . 墨辩会诠［M］. 天津 : 天津古籍出版社 ,2017.

[21] 王心湛.墨子集解［M］.上海:广益书局,1936.

[22] 王讚源.墨经正读［M］.上海:上海科学技术文献出版社,2011.

[23] 王兆春,卢凤鹏,张仁明.墨经汇释［M］.长春:吉林大学出版社,2016.

[24] 伍非百.中国古名家言［M］.北京:中国社会科学出版社,1983.

[25] 吴龙辉.墨子白话今译［M］.北京:中国书店,1992.

[26] 吴毓江.墨子校注［M］.北京:中华书局,1993.

[27] 杨俊光.墨经研究［M］.南京:南京大学出版社,2002.

[28] 尹桐阳.墨子新释:三卷［M］.北京:北京图书馆出版社,2003.

[29] 张纯一.墨子集解［M］.上海:世界书局,1936.

[30] 周才珠,齐瑞端.墨子全译［M］.贵阳:贵州人民出版社,1995.

[31] 周云之.墨经校注·今译·研究:墨经逻辑学［M］.兰州:甘肃人民出版社,1993.

后　记

三十多年前，我从贵州大学考入中国人民大学读研究生，开始在中国逻辑史的课堂中接触和学习孙中原老师开设的《墨经》课程，以后又在职读先生的博士研究生，先后多次聆听这门课程，有很大收获。在先生的潜心指导之下，我完成了博士论文《墨经逻辑研究》，由中国社会科学出版社出版，先后获得中国逻辑学会第二届优秀成果科研奖、第五届金岳霖学术奖、中国墨子学会第二届优秀成果奖，并且在国外出了英文版和波斯文版。我的硕士导师赵总宽先生对我的帮助也很大，他在知道我正在听《墨经》课程后，当时就送给我繁体竖排版的高亨著的《墨经校诠》和汪奠基著的《中国逻辑思想史》两本书，我至今仍然在使用。一日为师，终身为父，孙先生和赵先生对我的帮助是令我永生也忘不掉的。

十五年前，我参加了由王讚源先生主编的《墨经正读》一书的写作，负责其中的《小取》部分。在书稿的写作、讨论和审稿过程中，我又有幸多次聆听王讚源、孙中原、姜宝昌、王冬珍、齐瑞端、谭家健、李广星、周才珠等诸位老师论说《墨经》的高见。之后，齐瑞端校长还让我接替她所主持的《职大学报》“墨学研究”专栏，对我更全面地了解和研究墨学，更广泛地接触墨学界的各位同仁，起到了十分重要的作用，在此谨表示由衷感谢！

近年来，我参加了中国社会科学院重大项目《中华思想通史》（春秋战国卷）中墨家和名家的资料长编和课题内容的研究和写作，又在贵阳孔学堂主持完成了《墨学核心思想及其当代价值》的科研课题，并获得国家社科基金后期资助项目资助，还完成了《墨家学派研究》书稿等。在从事墨学和逻辑史研究工作的学术事业的过程中，我深刻地体会到，思想义理的研究必须建立在可靠的文本考证的基础上，因为文本考证工作如果做得不好，思想义理研究就只能像是建立在沙滩上一样。本书《墨经译注》，正是我近二十年来，在中国人民大学哲学院教中国逻辑史课程的一个重要研究性结果。该课程主要是针对硕士研究生、博士研究生和博士后研究人员开设，基本上每个学年都要给学生开设一次。在教学和研究过程中，我一直注重总结前人的研究成果，加上自己的体会和认识，于是，也就有了一些新的考虑，比如博士后王华超的见解对本书的某些部分增色不少。

今年，正好是我的母校贵州大学迎来120周年校庆，希望有作品能够在贵州大学出版社出版，于是，本书也就有了快速面世的机会。借此，我也要特别感谢母校贵州大学的领导和出版社的葛静萍等编辑。不过，作品的质量完全是由我本人负责的。

因为《墨经》文本特殊，内容专门，本书中定会存在各种缺点和不足，希望读者能够批评指正。近年来，还有学者提倡专门将《墨经》研究列入需要抢救的绝学范围，无论对它的校勘还是解释，都还需要后来者做更多深入全面的考证，期待有兴趣于此者能够做出更多的贡献。

笔者于北京世纪城

二〇二二年五月十八日